CONSIDÉRATIONS

SUR LE

PAUPÉRISME

ET L'ÉMEUTE,

PRÉCÉDÉES D'UN

Aperçu sur l'état politique et religieux
de l'Europe.

Par *******

> La ruine et la décadence entrent dans les affaires humaines par trop d'endroits, pour que nous soyons capables de les prévoir tous ; et avec une trop grande impétuosité, pour en pouvoir arrêter le cours. (Bossuet).

Paris,
CHEZ RORET, RUE HAUTEFEUILLE, 10.
Genève,
BERTHIER-GUERS.

1842

CONSIDÉRATIONS

SUR LE PAUPÉRISME

ET L'ÉMEUTE.

CONSIDÉRATIONS

SUR LE

PAUPÉRISME

ET L'ÉMEUTE,

PRÉCÉDÉES D'UN

Aperçu sur l'état politique et religieux de l'Europe.

Par *******

> La ruine et la décadence entrent dans les affaires humaines par trop d'endroits, pour que nous soyons capables de les prévoir tous ; et avec une trop grande impétuosité, pour en pouvoir arrêter le cours. (BOSSUET.)

Paris,
CHEZ RORET, RUE HAUTEFEUILLE, 10.
Genève,
BERTHIER-GUERS.

1842

IMPRIMERIE E. PELLETIER.

PRÉFACE.

Au moment où le siècle s'agite avec tant de violence, où les esprits se remuent de toutes parts pour reconstituer la société européenne; au moment où la politique des Souverains s'élève, s'abaisse avec une prodigieuse rapidité, j'ai cru n'être pas téméraire de recueillir les pensées que tant d'événements divers ont fait naître dans mon esprit. Des maux de tout genre pressent de tout leur poids la génération présente; et je m'étonne, sans mesure, que nous marchions avec une incroyable sécurité vers le plus lamentable avenir; car je ne vois autour de moi que les pronostics d'une société qui va se dissoudre; et je ne suis pas éloigné de croire que les bases de l'ordre social, si brutalement déplacées et brisées, ne soient bientôt jetées dans la nuit du néant, si une main céleste ne vient en recueillir les débris et les réunir avec un ciment divin.

N'allez pas me dire que je m'égare, et que les ombres de la solitude ont fatalement enveloppé mon intelligence. Oh! non, il n'en est pas ainsi; mais vous qui tenez ce langage, ou vous frappez vous-même contre l'édifice social, ou vous vivez dans un étrange aveuglement sur les calamités qui nous menacent de si près et avec tant de fureur. Venez donc avec moi; placez-vous en face des événements qui se déroulent sur l'Europe entière. Que voyez-vous? Une politique nébuleuse, qui se dessine bien moins par ce qu'elle fait que par ce qu'elle ne fait pas; deux nations colossales qui enlacent l'Europe et menacent la nationalité des puissances subalternes. J'aime mieux, sans doute, leur domination que l'anarchie; mais encore est-il permis de gémir sur une servitude que nos pères n'ont pas connue. Que voyez-vous encore? L'empire des Osmanlis devenu une province moscovite, le nord de l'Europe courbé sous le joug de la Scythie, les belles contrées de Lybérie et de la Lusitanie livrées sans retour à la volonté des rois de l'Océan.

Je serais moins effrayé à la vue de leur sceptre, s'il ne creusait pas à la foi catholique un éternel tombeau. Ah! des larmes de sang coulent de mes yeux quand je vois tant de maux! O enfants du Calvaire, nobles martyrs de la foi du Christ! des mains sacriléges ont saisi au milieu de vous la lumière qui éclaire dans la route du ciel; elle a été éteinte cette lumière, et jetée dans les égoûts ténébreux et infects de l'erreur; les fils de Satan ont porté dans les entrailles des saints le couteau sanglant de la plus délirante frénésie; ils ont brisé sous leur dent infernale la croix de la rédemption des hommes. Je tremble que de pareils maux n'étendent plus loin leurs ravages, et il ne peut y avoir assez de douleur pour déplorer tant de calamités.

La saine politique et le catholicisme proclament d'une commune voix une nouvelle croisade contre les envahissements de tous genres qui anéantissent le bonheur des peuples, et la religion qui seule ouvre la porte des cieux.

Venez, princes, venez, peuples, qui que vous soyez, venez défendre les principes politiques et religieux qui assurent la félicité des nations! Refoulez dans leur île et sous leurs glaces éternelles les nombreux ennemis de la foi! combattez de près, combattez de loin par votre génie, autant que par votre épée; assurez le triomphe de la vérité évangélique, aujourd'hui si étrangement méconnue et rejetée.

Levez-vous, guerriers immortels, héros de la foi, tournez vos armes contre tous les phalanstères de l'abîme; enfoncez les formidables armées qui brisent tous les ressorts de la société, et couvrent l'Europe des nuages des plus fatales erreurs ; ils veulent reconstituer la société, et pour y parvenir, ils amoncèlent du sable et des cendres.

Vous qui trônez sur le cratère d'un volcan, princes et rois, veillez autour de vous ; veillez le jour, veillez la nuit, et plus souvent encore, si vous le pouvez. Vous le savez, l'autel du Dieu vivant et votre trône fixent invariablement les regards des phalanges de destruction qui sillonnent l'Europe dans toute son étendue. Vous dirai-je les noms de toutes ces monstrueuses associations, de tous ces sanglants utopistes, dont les vœux et les doctrines nivellent tout ce qui existe sous le soleil ?

La main invisible qui soutient l'univers renversera leurs lamentables projets ; votre fermeté préviendra de si grands malheurs. Je ne crains nullement pour la doctrine évangélique ; elle descend de trop haut pour qu'ils puissent jamais frapper à sa sommité ; mais ils peuvent torturer les enfants de l'Église ; c'est ce qui m'afflige profondément.

Je voudrais que tous les amis de l'ordre et de la vérité comprissent aussi que les calamités qui menacent de si près l'Europe religieuse et politique, ne peuvent se dissiper que par la loi du Christ, cette loi qui a toujours vivifié les hommes, quand on lui a permis de se faire entendre librement ; elle a renouvelé le monde barbare et païen, elle peut encore aujourd'hui le replacer sur une base de bonheur et de perfection illimités, puisqu'elle est infinie; mais il faut que son travail de régénération soit libre. Son règne est spirituel, ne craignez point ; ses moyens sont pacifiques, et sa foi est sublime. Laissez-la donc agir; soutenez-la, si vous le voulez, mais ne l'enchaînez pas, sinon elle est impuissante et nulle. Ne la nationalisez pas, comme font les puissances du nord, car c'est lui creuser un tombeau : ce serait une injustice ; elle est l'œuvre de Dieu, et ne dépend que de lui. L'erreur du siècle est là, et je n'y vois presque pas d'exception. Alors elle sera puissante à renouveler les masses populaires, et la société s'élèvera plus brillante que jamais.

Oui, puissants régénérateurs des nations, encore que vous méprisiez mes paroles, sachez-le, la régénération sociale que vous ne cessez de proclamer ne se puise que dans le catholicisme. *In hoc signo vinces.*

Puissent ces pages rapides, conquises à la hâte sur mon repos, n'être pas entièrement inutiles! Je n'ai voulu blesser aucun droit, mais soutenir seulement la justice et la vérité. J'efface donc ici toutes les lignes que j'aurais pu tracer contre la vérité évangélique, expliquée par l'Eglise.

que de lui. L'erreur du siècle est là, et je n'y vois presque pas d'exception. Alors elle sera puissante à renouveler les masses populaires, et la société s'élèvera plus brillante que jamais.

Oui, puissants régénérateurs des nations, encore que vous méprisiez mes paroles : sachez-le, la régénération sociale que vous ne cessez de proclamer ne se puise que dans le catholicisme. *In hoc signo vinces.*

Puissent ces pages rapides, conquises à la hâte sur mon repos, n'être pas entièrement inutiles. Je n'ai voulu blesser aucun droit, mais soutenir seulement la justice et la vérité. J'efface donc ici toutes les lignes que j'aurais pu tracer contre la vérité évangélique, expliquée par l'Église.

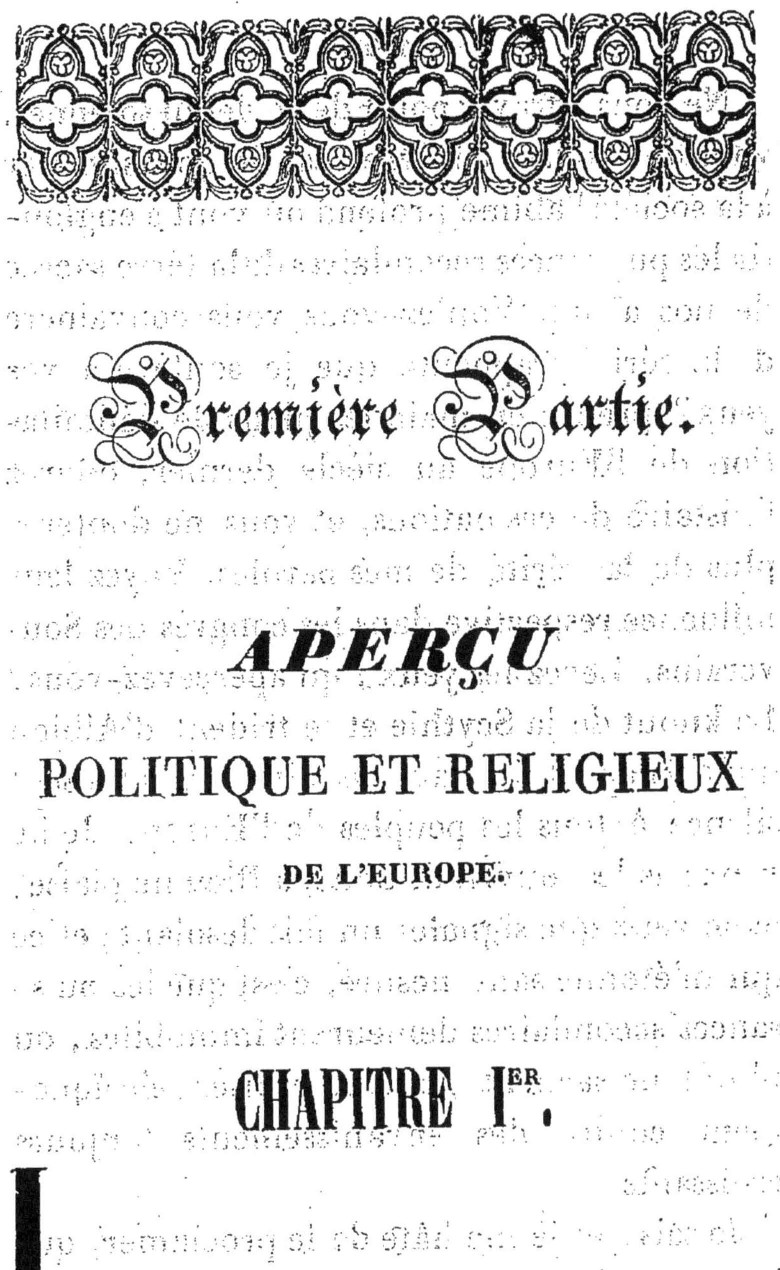

Première Partie.

APERÇU POLITIQUE ET RELIGIEUX DE L'EUROPE.

CHAPITRE IER.

La Russie et l'Angleterre ont jeté sur l'Europe entière l'immense filet de l'esclavage politique.

Ne vous effrayez point de ce début solennel, vous qui ouvrez ce livre ; car je dois signaler à la société l'abîme profond où vont s'engloutir les puissances secondaires de la terre sacrée de nos aïeux. Voulez-vous vous convaincre de la vérité frappante que je soulève à vos yeux ? prenez en main les plans de délimitation de l'Europe au siècle dernier, ouvrez l'histoire de ces nations, et vous ne douterez plus de la vérité de mes paroles. Voyez leur influence respective dans les congrès des Souverains. Levez les yeux : qu'apercevez-vous ? Le knout de la Scythie et le trident d'Albion qui s'enlacent au haut des airs, et imposent silence à tous les peuples de l'Europe. Je ne veux pas les couvrir de boue, à Dieu ne plaise ; je ne veux que signaler un fait désolant ; et ce qui m'étonne sans mesure, c'est que les puissances secondaires demeurent immobiles, ou plutôt ne sachent point se croiser héroïquement contre des envahissements toujours croissants.

Je sais, et je me hâte de le proclamer, que le magnanime Souverain de Vienne peut encore arrêter les malheurs d'une sujétion universelle, et que lui seul, par sa position centrale, repousse avec constance et énergie les tendances fatales des deux colosses dont je parle. Mais sans la coalition compacte des États inférieurs, il peut venir un temps où il faudra subir ignominieusement leur servitude politique dans toute son étendue.

L'erreur capitale des gouvernements actuels est d'avoir adopté le funeste principe de non-intervention, source des bouleversements de toute l'Europe, mensonge honteux et dégradant : car ce vil principe politique n'a jamais été observé, ni suivi ; il n'a été que le voile machiavélique qu'on a jeté sur les yeux des faibles et des ignorants.

C'est ce principe qui a donné à l'Angleterre une puissance colossale, comme nous le verrons bientôt. La Russie a murmuré, menacé, elle s'est calmée un instant devant les humiliations de lord Durham ; puis tout-à-coup elle a éclaté, et brisé à jamais la nationalité polonaise, terre de douleur qu'elle a incorporée sans retour à son gigantesque empire. Voilà un des tristes fruits de la révolution française de 1830. Je le demande, et je veux qu'on me réponde, les puissances intermédiaires, qu'ont-elles conquis? Elles ont conquis le néant, l'ignominie ; elles ont armé, elles ont vidé leurs trésors, fait des emprunts [1], enfin montré leur impuissance à arrêter les prodigieux envahissements des deux nations dont nous parlons ; à moins qu'on n'appelle conquête l'ascension de Louis-Philippe sur le trône de France, traînant à sa suite les nombreux enfants d'Orléans, dont les aïeux s'étaient montrés tant de fois sur l'horizon royal de la monarchie.

[1] Depuis 1850, les gouvernements européens ont dépensé en organisation d'armées et de flottes, la somme de 22 milliards et plus.

CHAPITRE II.

APRÈS cet aperçu général sur l'Europe, il est indispensable de descendre dans la spécialité du mouvement que je signale. L'Angleterre, malheureuse dans l'intérieur de son île, n'en est pas moins la puissance, je ne crains pas de le dire, la plus influente et la plus redoutable au dehors. Je dis malheureuse à l'intérieur : en effet, sa corruption morale est parvenue à son dernier degré, témoins les infâmes procédés qu'on met en œuvre pour s'ouvrir les portes de la chambre élective, et s'emparer des fonctions administratives et gouvernementales ; elle est couverte aussi d'autres plaies non moins profondes qu'incurables. Laissons parler ici un de leurs premiers génies, un homme phénoménal dans tous les genres de supériorité et de transcendance [1] : « L'égoïsme de ce pays, dit-il, menace des plus terribles catastrophes : entre l'aristocratie et la classe pauvre existe depuis longtemps uen réserve, une froideur inconnues des temps anciens, c'est-à-dire catholiques ; les frénésies du chartisme et du socialisme s'efforcent d'y substituer l'inimitié et la haine ; le clergé de l'Église établie est sans influence ; les intérêts agricoles et manufacturiers sont en état de rivalité ; même conflit entre la propriété territoriale et la propriété financière. Par son injustice et sa dureté, l'Angleterre s'est aliéné l'Irlande et plusieurs colonies. Mais, dira-t-on, nous prospérons. — Ainsi prospérait la République romaine, malgré les divisions des patriciens et des plébéiens, de la république et des alliés ; mais vint la fin effroyable de l'Empire romain, occasionnée par la désunion. » Ces paroles mémorables soulèvent tout l'appareil qui cache les plaies internes de ce peuple, et qui menace son existence nationale.

Le paupérisme de l'Angleterre surpasse tout ce que l'esclavage païen a eu de plus triste et de plus abrutissant : vous y rencontrez à cha-

[1] Wiseman, *Lettre au comte Shrewsburg*.

que pas, spécialement à Londres, des hordes compactes, usées à la fois par le crime et la faim, et dont la figure d'hommes se dessine à peine à travers la férocité et la dégradation de leurs traits : seulement, on voit à leur démarche qu'ils appartiennent à l'humanité, et qu'ils n'en ont pas dépouillé entièrement le caractère. En vain a-t-on créé la taxe des pauvres : insensés! on n'éteint pas un incendie avec une goutte d'eau. Non, ni le gouvernement, ni les Crésus cosmopolites d'Albion, ni ce qu'on appelle le clergé anglican, ne sont capables de guérir de si profonds ulcères ; ils tiennent aux entrailles mêmes de la constitution nationale ; ils rongent, avec une incroyable activité, la nombreuse classe des indigents, dont le sort à venir devient tous les jours plus lamentable.

Que faudrait-il pour guérir tant de maux ? Il faut une régénération sociale aussi complète qu'elle peut l'être ; il faut arracher des cœurs des riches insatiables l'égoïsme, la dureté, la barbarie ; ces hommes dont la tête touche au ciel, qui ne voient dans l'indigent que des Lazares indignes de ramasser les miettes qui tombent de leur table ; il faut que ces dieux de l'argent ouvrent leurs mains racornies sur les nombreuses victimes de la faim qui les entourent, et que, loin d'arroser le sol étranger de la sueur qu'ils ont puisée sur le front de leurs esclaves ; ils fassent couler les ruisseaux sacrés dans l'intérieur des maisons de leurs serfs agonisants.

Lord inhumain, ne viens point briser la glace du Mont-Blanc, ni palper la cendre du Vésuve ; ou, si tu y viens, hâte-toi dans tes courses vagabondes et ridicules ; souviens-toi que tes esclaves meurent de faim, que tes domaines s'indignent de tes folles profusions ; n'oublie pas que sous les roues de ton char doré, tu brises les enfants qui labourent tes terres. J'ai toujours douté que ces fiers et riches touristes d'Albion eussent des entrailles humaines. Ne vous indignez pas de mes paroles, nobles voyageurs, la faim qui dévore tant de pauvres qui couvrent votre sol, me touche et m'afflige trop profondément, et c'est au nom seul de l'humanité souffrante, que dans votre course rapide je vous jette ces inutiles paroles.

Vous me direz peut-être que le clergé a la mission spéciale de soulager l'indigence, et que pour vous, vous ouvrez toujours vos mains sur elle au premier cri qu'elle fait entendre. Mais quoi! y a-t-il un clergé en Angleterre? la sève de la croix coule-t-elle dans l'âme de ceux que vous appelez évêques, pasteurs? Oh! non; car ils ont brisé les anneaux qui les unissaient à la famille du Christ; ils sont à genoux, les aveugles, au pied du trône temporel dont ils attendent la lumière et la foi! Jamais le denier du pauvre n'est tombé de leurs mains desséchées; ils plongent, il est vrai, dans le trésor de l'État leurs bras nerveux et puissants; ils emportent des montagnes d'or; mais le pauvre timide n'ose même pas lever les yeux vers ces nouveaux sauveurs du monde qui *passent en faisant du bien*.... Avez-vous jamais vu ces fonctionnaires (c'est là seule dénomination qui leur appartienne) réchauffer les membres glacés de l'indigent? Où sont les hospices, je ne dis pas de bienfaisance (ce mot est une déception), mais de charité chrétienne dont les ministres du Rédempteur des hommes sont les premiers bienfaiteurs et les plus fidèles gardiens?

Prêtres d'Albion, parlez: dès l'instant où vous avez rompu la chaîne qui communiquait au ciel par le Calvaire, vous avez été frappés de stérilité, comme le figuier d'éternelle malédiction ; la raison en est visible : pour soulager ses frères, il ne faut avoir que des frères. En vain vous proclamez l'amour de vos semblables, vos prédications, plus froides que le métal, se perdent dans les airs, et n'arrivent jamais aux cœurs de ceux qui vous entendent. N'allez pas me dire que la haine découle de ma plume, car mon langage, quelque énergique qu'il puisse être, n'égalera jamais l'étendue des calamités que je déplore. Si la vérité vous touche encore, comparez les temps catholiques avec votre Église civile, et vous baisserez les yeux de honte et d'ignominie.

Il est cependant une éclatante justice à rendre à ces nobles insulaires : c'est la tolérance religieuse qui se développe insensiblement, et qui honore l'impartialité progressive du gouvernement. Le sacerdoce français, fuyant devant le couteau sanglant de Robespierre, trouva un asile assuré et des secours abondants dans cette île célèbre ; il lui donna en échange le bienfait de la vérité catholique. Le catholicisme, vu en face, fut toléré et admiré par ses ennemis les plus irréconciliables. Depuis treize ans surtout, les généreux efforts de l'illustre Daniel O'Connel, l'un des plus profonds penseurs de ce siècle, renversent de sa brûlante parole toutes les barrières que la perfidie et la méchanceté de ses puissants ennemis lui opposent. A travers quelques inégalités de principe, on ne peut nier que cet homme immortel n'ait exercé en faveur de l'Église catholique un immense apostolat. Il est digne de vivre dans la mémoire des enfants de Dieu, autant que dans les annales de sa patrie.

La cognée de la vérité paraît être dans ce pays à la racine de l'arbre de l'erreur. Les plus ardents défenseurs de l'Église établie font retentir le sol anglican de leurs douloureuses plaintes; les populations s'agitent; des temples, dédiés à la vraie foi, s'élèvent de toutes parts; on court en foule étancher sa soif dans les eaux divines qui jaillissent au Calvaire, et qui seules débordent dans les plaines du ciel. Venez, nobles enfants d'Albion! accourez, fils immortels de la terre des saints; jetez aux flammes les viles pagodes dont la voix et les regards vous poussent dans des pâturages vénéneux! déchirez le voile qui vous couvre la face, et voyez l'arbre de vie renaître au milieu de vous! Déjà le semis divin que l'ange du royaume a jeté en terre, s'élève avec rapidité et splendeur, un Eden intellectuel s'est ouvert au milieu de vous. Frères d'Oxford, entendez ma voix : les rayons d'un nouveau soleil, du soleil éternel, ont frappé votre vue et dilaté votre paupière. Ah ! ouvrez, je vous en conjure, toutes les portes du labyrinthe où se perdent encore vos anciens frères ; lancez au milieu d'eux le fil de salut, et vous aurez avec gloire renversé le trône de l'enfer, triste monument du temps et de la mort !

Il est un fait véritablement digne d'admiration ; ce fait est le rapide progrès du puséyisme, et la marche active de l'école d'Oxford vers la catholicité. Sibthorp, dont l'immortalité est consacrée par toutes les opinions, et deux autres gentlemen, ont été récemment ordonnés Leicesters par le vicaire apostolique. La liberté où St-James laisse les évêques de se réunir en conciles provinciaux, promet au catholicisme des progrès immenses ; la tolérance du gouvernement pour les assemblées des premiers pasteurs mérite les plus grands éloges : cette tolérance est une justice sans doute, et non un privilége ; mais au siècle où nous sommes, qui est juste seulement envers la religion du Christ, est digne d'être hautement signalé. Les évêques ont toujours été les colonnes de l'édifice de l'Église, et jamais un pays ne doit désespérer de sa foi, tant que les conciles provinciaux auront assez de liberté pour consolider la religion par la communication de leurs sentiments et de leurs lumières. Comme aussi, je ne vois pas de plus grande calamité pour l'Église que la susceptibilité du gouvernement, qui les empêche de tolérer la réunion des évêques qui, d'ailleurs, raffermissent le trône en éclairant les peuples sur toute l'étendue de leurs devoirs. Ne posez donc pas votre main sur leur bouche sacrée, car ils ont l'ordre divin de parler et de se faire entendre à toute créature. Honneur donc à l'Angleterre ! honneur au ministre qui ne craint pas que la mitre d'un évêque n'offusque sa vue, ni que son bâton pastoral ne lui creuse un tombeau sous ses pieds ! L'autorité suprême se fait un devoir sacré de réserver au Seigneur le jour qu'il s'est choisi lui-même dès l'origine du monde ; aussi, en Angleterre, le dimanche n'y est point profané ; c'est un spectacle aussi beau que fertile en heureux résultats pour la moralité de la nation. Tous les autres actes, émanés du pouvoir royal, portent l'empreinte de sentiments religieux : on n'y professe point l'athéisme, comme base de la législation du royaume, parce que le gouvernement se respecte, et vit au moins de quelque croyance morale : ce que ne reconnaissent point les étourdis régénérateurs politiques de la France.

CHAPITRE III.

J'AI dit plus haut que je regardais l'Angleterre comme la puissance la plus influente de l'Europe, et la plus formidable dans les autres régions de l'univers ; et je vais l'établir invinciblement, car mon assertion ne repose que sur des faits indubitables. Je ne parle point du langage impérieux et solennel dont elle use dans ses rapports avec le céleste Empire, ni des envahissements toujours croissants dans des contrées lointaines, spécialement dans la Polinésie et les Indes Orientales. Je passe sous silence la Perse, où elle déploie une adresse et une énergie incroyables, pour refouler sur ses montagnes la puissance autocratique. Je fermerai aussi les yeux sur tant d'autres conquêtes moins importantes; car je vois son immense chaîne nautique, dont les deux bouts, après avoir enlacé les mers, viennent s'agrafer au Foreign-Office. Aucune force humaine ne pourra jamais briser cette chaîne; ce ne sera que le craquement de l'univers qui émancipera l'Océan et toutes ses îles. Mais je ne veux parler que de ses récents progrès européens.

Écoutez-moi, puissances de l'Europe! venez, agents suprêmes des Souverains, vous qui protocolisez sans fin, et qui approchez tous les jours plus près de notre poitrine le trident meurtrier d'Albion! et vous, nouveaux Judas, qui trahissez votre patrie, vous qui avez emprunté des entrailles à l'enfer pour n'aimer que le crime et la trahison; je vais étaler à vos yeux, et pour votre confusion, toutes les vastes conquêtes européennes de l'Angleterre. Elle possède, depuis le *glorieux* Juillet de 1830, la *Lusitanie*, l'*Ibérie* et la *Belgique*, la pudeur l'a empêchée de se jeter encore sur la Syrie et l'Egypte; mais ce temps approche: je vois le jour où la maison des Osmanlis ne sera plus, dans ces contrées, qu'un comptoir anglais; sa domination morale y est du moins incontestable. Entendez-vous, fiers augustules de la France, Guizot,

Thiers, Molé? Et vous, plus que tous les autres, illustre mort, Talleyrand-Périgord? J'aime à croire que vous n'aurez pas passé inaperçu devant le Juge suprême de la poussière des mortels. Cependant, que la terre vous soit légère!..... La France vous doit la charte et la quadruple alliance, c'est-à-dire son malheur et sa honte; votre esprit égaré lui a imposé la première, et la seconde est le fruit de votre aveugle dévouement au chef de l'État. Je ne *troublerai* plus votre cendre, illustre mort: que la terre qui vous couvre ne pèse pas sur vous!

Ne me dites pas que les ombres de la nuit viennent troubler mes esprits. Il est vrai, minuit sonne, toute la nature dort; je n'entends que le mouvement triste et sombre du balancier de l'horloge qui pousse dans l'éternité toutes les victimes de la mort. Je vous dis donc que je ne vois point de différence entre les comtés de Kent, de Belford ou de Lancaster, et les provinces de Murcie et de Léon; ce sont les mêmes maîtres et la même autorité. Car, dites-moi, l'or de l'Espagne où va-t-il? qui dirige le bras d'Espartero? qui empêche la pénitente Christine de rentrer dans le royaume de Ferdinand? qui couvre le pays orphelin de marchandises de tous genres? Tout le monde répondra pour moi, l'Angleterre. Toutes les sympathies du gouvernement actuel ne sont-elles pas irrévocablement acquises à l'Angleterre? sa volonté ne met-elle pas en mouvement toute la tourbe gouvernementale, jusqu'au dernier agent de cette lamentable péninsule? et l'épée du fils de Bergara n'a-t-elle pas sa poignée à Londres?

O Espagne! tu n'es plus; on t'a rayée du nombre des nations; on a passé autour de ton col la chaîne de l'esclavage. Qu'est devenue ton antique splendeur? où sont tes Philippe II et tes Charles-Quint? où as-tu caché ta bravoure et ta fierté? Quoi! tu fléchis le genou devant des étrangers? de vils corsaires sont venus te ravir tes armes jusqu'ici invincibles? tu as livré tes montagnes d'or au peuple le plus cupide de l'univers? tu tends les mains à la plus honteuse des servitudes, puisqu'elle est le prix d'une infâme trahison! O horreur! tes pieds traînent les fers de la captivité! tes flancs sont déchirés par les coups que tes maîtres inhumains déchargent sur toi! O douleur! ô larmes! ô amertume éternelle! ta foi, que tu as jadis puisée dans le sang du Maure et des barbares, a fait place à l'athéisme des impies enfants de Luther. Le fils de la trahison exile la tribu sacrée, renverse les temples de ton Dieu, étend ses mains injustes et criminelles sur le patrimoine des pauvres, pour étancher la soif brûlante de l'or qui le dévore. Son ombre infernale a tout flétri; il a pressuré les nobles enfants de l'Espagne, comme on presse l'olive, et il ne reste plus de ce beau royaume que les débris douloureux qui attestent sa soif du sang et de la mort !

Venez, Ximénès ! venez, vous, immortels guerriers qui avez tant de fois illustré votre nom par de nobles conquêtes, Odogno, Alphonse, Ferdinand Ier, venez briser l'esclave d'Albion, couvrez-le de sang et de boue, livrez-le à toute l'ignominie qui doit à jamais flétrir le profanateur sacrilége qui souille la terre de la foi et de la vertu !

Ce rapide tableau de l'agrandissement de l'Angleterre en Europe et dans tout le globe, me semble incontestable; mais il paraîtra plus frappant encore quand j'aurai parcouru les royaumes dominants de l'époque actuelle.

CHAPITRE IV.

Un fait que l'histoire contemporaine doit léguer fidèlement aux âges futurs, c'est l'éparpillement de la prolifique famille des Cobourgs. Ces Priam des temps modernes, moins les malheurs, sont destinés au service de l'Angleterre pour consolider partout sa prépondérante domination. Je vois dans ce phénomène (car c'en est un) l'impuissance la plus humiliante de la nombreuse famille du roi des Français. Aucun fils de France, comme on disait jadis, n'a pu s'asseoir à côté de ces reines improvisées par les chartes constitutionnelles. Le lion anglais s'est hâté d'asservir le lion belge ; le Portugal n'a pas même osé protester contre l'usurpation. L'Espagne ne tardera pas à être dotée d'un Cobourg ; si la France s'y refuse, les Pyrénées qui ont reparu plus élevées qu'avant le traité de la fameuse île, seront bientôt hérissées de piques anglaises. Noble Français, ces piques te renverseront, et tu ne pourras plus les briser; tu peux dire que désormais tu ne franchiras plus cette *plaine* qui t'appartenait depuis deux siècles. Un prince d'outre-mer s'est emparé de l'Escurial, et ton nom y est effacé pour toujours; tu le dois à la funeste quadruple alliance! Pleure et gémis sur ta gloire passée; hélas! tu n'as que trop de motifs de le faire, mais tes larmes demeureront stériles.

Qui ne voit aussi que le Souverain de Bruxelles n'est que le mandataire d'Albion, et que cette alliance anglaise a fait un mal irréparable à la France? Non, jamais ce beau Royaume n'a été si cruellement meurtri qu'il l'est depuis onze ans, et toutes les grandes plaies qui le couvrent tout entier, lui ont été imprimées par son antique et éternelle rivale, l'Angleterre. Jamais ces fiers dominateurs ne l'ont si profondément humiliée, pas même par la bataille d'Azincourt : le roi de Bourges avait plus de vitalité nationale qu'il n'en reste aujourd'hui à ce peuple, autrefois le plus redoutable de l'Europe, et maintenant si digne de compassion et de douleur. Oh! non, je n'exagère point, tout citoyen véritablement français applaudira tristement à mes paroles. Il ne reste plus à ce peuple, naguère si brillant, que la liberté amère de soupirer silencieusement sur ses malheurs; ils sont sans mesure, et peut-être sans adoucissement. Il est cerné de toutes parts, et ne trouve plus d'issue pour s'échapper : j'en démontrerai bientôt les causes, et peut-être ouvrirai-je un passage à ces eaux d'amertume qui inondent tous les cœurs. Je n'ai eu que trop raison d'assurer que l'Angleterre dominait toutes les puissances méridionales, et que son trident couvrait la moitié du ciel européen. J'abandonne les faits secondaires aux considérations des hommes qui apprécient les hauts événements contemporains; je passe sous silence les humiliations de Naples dans la grave question des souffres. Avançons-nous sous l'ombre immense du sceptre de l'autocrate.

CHAPITRE V.

La puissance européenne qui règne avec le plus de splendeur et d'uniformité, est sans doute la Russie; je voudrais ajouter aussi, avec plus de justice, mais à ces mots le sceptre brisé de la triste Pologne s'élève de la poussière, et se dresse en face de moi pour me démentir et me confondre; à son tour, la houlette de Pierre m'apparaît comme une mère désolée qui pleure ses enfants cruellement égorgés.

Mais avant de mouiller ces pages de larmes abondantes, je dois confesser mes principes, ou mieux, ceux de la vérité même.

Je dis que l'homme, quel qu'il soit, en entrant dans la vie, naît soumis à l'ordre existant, sous le rapport politique comme sous le rapport social; le seul pouvoir dont il jouisse, et que la nature lui transmette, est celui de la résistance, quand le souverain torture sa consciensce et le force à se révolter contre le Souverain infini et éternel, *de qui relèvent tous les empires* : car alors le pouvoir terrestre excède et sort de ses limites; les excès temporaires dans le pouvoir doivent être subis, car ils sont inévitables dans toute espèce de gouvernement; les excès perpétuels du pouvoir ne peuvent pas se supposer. Qu'un peuple puisse se donner telle forme de gouvernement, avec telle condition, quand le peuple se constitue pour la première fois en société, comme dans une colonisation, ou avec le consentement du souverain dans une société déjà établie, je le crois, et c'est un principe incontestable; mais que l'on ait le droit de renverser un pouvoir établi, sanctionné par le temps, c'est une erreur aussi funeste que monstrueuse; la raison la répudie hautement, car alors il n'y aurait plus que le pouvoir du plus fort, c'est-à-dire la brutalité et le carnage qui forment la constitution gouvernementale des bois et des plages du désert. Le droit de créer un nouveau pouvoir n'appartient pas plus à l'individu ou à la nation, qu'au fils de famille qui prétendrait rentrer de vive force dans le domaine que son père aurait vendu sans retour. Le Christ, suprême régénérateur des éternelles maximes qui doivent régir les sociétés, a solennellement déclaré que c'est Dieu qui règne par les rois; que c'est en son nom que l'ordre se développe dans toutes ses ramifications.

Maintenant, ô Pologne! souffre que je te cherche dans la poussière des chemins! laisse-moi soulever le drap mortuaire qui couvre ton sol sacré!... Je veux pleurer sur les tristes débris de cette nation de héros! Rassemblez-vous autour de moi, vous qui avez des larmes à verser et des douleurs à exhaler! cœurs généreux et sensibles, brisez votre poitrine et meurtrissez votre front contre le marbre le plus dur, à la vue des maux qui ont désolé la terre de la foi et de l'héroïsme. O Jérémie! seul capable *d'égaler les lamentations aux calamités*, revenez, revenez faire retentir vos accents de profonde douleur sur cette autre Jérusalem, que les profanes et les incirconcis ont ruinée sans retour! ils ont brutalement déplacé la dernière pierre de Sion, et l'ont exposée, sur la voie publique, aux railleries sanglantes des nations étrangères. Les enfants de Babylone insultent cruellement aux fils du malheur. Assis sur les bords de l'Euphrate, leurs larmes coulent sans mesure; il n'y a personne qui puisse les consoler; ils ne veulent même point de consolation, leurs maux sont trop grands!

Venez, Boleslas![1] venez, Jajellon! nobles fondateurs de la nation immortelle; venez voir votre patrie, le feu a tout dévasté; les barbares, armés de haches, sont descendus de leurs forêts; ils se sont jetés sur les enfants de l'église et du Christ; ils ont renversé les murs de la cité de gloire, ils ont rongé de leurs dents féroces l'arbre du ralliement et du bonheur. Le sang le plus pur de l'univers a rougi les fleuves et ensanglanté les pierres de vos antiques palais. Le Scythe a bu les larmes de la veuve et de l'orphelin; il a brisé les os des guerriers immortels. La Sybérie a ouvert ses montagnes de glace, et les tribus sacrées de la Pologne, enfants et vieillards, ont été menés en captivité dans les régions de la mort! Quelle horreur que la vue de tant de malheureux, arrachés du foyer paternel, et conduits dans les déserts de la Sybérie!

[1] Othon III donna le titre de roi à Boleslas I, et affranchit la Pologne de la dépendance de l'empire, en 1001.

Non, on n'a pas vu de spectacle plus effrayant que le bouleversement de la Pologne, depuis la civilisation de l'Europe par le christianisme. Les habitants de ce malheureux pays ont été, les uns conduits en Sibérie, les autres disséminés dans les contrées méridionales de l'Europe, repoussés par toutes les puissances, et chassés ignominieusement comme de vils troupeaux. Il est vrai qu'ils ont eu le tort immense de chercher à soulever les peuples partout où ils ont passé, et sous ce point de vue ils méritent un anathème universel ; mais le fait de la ruine de cette nation sera à jamais déplorable, et tout homme qui aura des entrailles humaines ne pourra assez gémir sur tant de calamités, ni verser assez de blâme sur tous ces aveugles et impuissants régénérateurs français qui ont encouragé la révolte polonaise, et qui n'ont pu ni n'ont voulu la soutenir dans le chemin d'indépendance qu'elle s'était si largement ouvert. Ils sont devenus la cause fatale des maux qui pèsent sur cette antique et noble nation, aujourd'hui dans le deuil et les larmes. Ces indignes provocateurs, s'ils étaient capables de remords, iraient pleurer sur tant de ruines qui couvrent la Pologne, aussi bien que sur le tombeau de ses enfants qui dorment dans toutes les contrées de l'univers. Le voilà donc ce beau royaume de la foi et de la valeur, le voilà écrasé pour toujours! Une larme mouille ces pages de douleur...... mais je dois dire toute la vérité.

Noble et belle Pologne, tout est perdu pour toi........ Tu as tout fait pour te reconstituer: il fut un temps où le Charlemagne moderne, moins les vertus, te replaça au rang des nations; mais ce ne fut qu'un rayon qui a traversé furtivement le nuage de ta douleur, et bientôt le ciel se couvrit pour toi d'un nuage plus sombre que le premier, et la nuit devint éternelle........ Il aurait pu relever le trône de tes souverains; son aigle planait sur toutes les régions du nord, rien ne lui résistait; il ne l'a pas voulu ce conquérant, à qui tu avais vendu ton sang sur le champ de bataille; il a préféré son intérêt personnel. Son alliance avec la maison d'Autriche a ravi ta nationalité tant de fois promise et jamais accordée; tu fus donc jetée dans tes anciens fers.......

Naguère le roi de la Scythie a sorti de la Pologne de nombreuses familles, et les a remplacées par des sujets russes. Oh! c'en est fait de ton pouvoir; car, hélas! je ne vois plus que l'indigne mélange de tes enfants si purs et si nobles avec les étrangers qu'on t'amène ; on va effacer à jamais les restes de tes insignes nationales. Les lourds esclaves moscovites viennent fouler ton sol sacré, et étancher leur soif dans tes eaux limpides et pures ; ton langage même va disparaître ; tes jeunes enfants sont forcés de syllaber tristement la langue barbare de tes oppresseurs, et ainsi il n'y aura plus de signes pour reconnaître les débris de ta gloire et de ton ancienne valeur. O douleur ! ô larmes ! étonnez-vous, peuples de la terre ! vous surtout qui avez laissé lacérer ce beau royaume, Louis XV, honte des lys et de la première couronne de l'univers [1], tristes cendres, gémissez de votre criminelle indolence ; les louanges de la postérité ne vous appartiennent point ; elle sera silencieuse et irritée quand elle pensera à toutes vos fautes politiques, dont les suites ont été si fatales à votre nation.

[1] Le premier partage de la Pologne se fit en 1772

CHAPITRE VI.

JE voudrais que les larmes qui coulent en ce moment de mes paupières, devinssent tout-à-coup des larmes de sang, pour déplorer assez hautement les maux qui déchirent l'Église dans le vaste empire de la Russie. Quelle injustice! quelle cruauté! de plonger l'épée impériale dans les cœurs des enfants du Christ, pour y mutiler leur foi et leur amour, pour les arracher à l'obéissance du chef suprême de la religion de Jésus-Christ! Et de quel droit venez-vous brutalement changer la croyance des catholiques? qui vous a donné le pouvoir de fausser les consciences et d'imposer l'erreur? Ce n'est pas un bien qui vous regarde : il est un Roi au-dessus de vous, qui vous réprouve et qui impose sa loi à ses enfants, et cette loi leur ordonne de vous résister quand vous déchirez leur âme et leur conscience par vos injustes exigences; ils doivent vous dire alors: « *non possumus* (nous ne le pouvons pas), et si vous avez soif de notre sang, ouvrez nos veines et sucez jusqu'à la dernière goutte. »

Armez leurs bras pour veiller à la sûreté de votre personne, pour défendre votre Empire, pour réprimer les abus que vous voulez réformer, ils vous obéiront, ils donneront leur vie et leur fortune, c'est leur devoir imprescriptible. Mais opprimer leur conscience et vous établir juge de leur foi; mais leur prescrire des actes contraires à leur croyance; mais tyranniser leurs principes religieux; mais vous déclarer chef de leur foi en les forçant dans leur obéissance; mais les briser sous votre bras schismatique, et leur fermer ainsi les portes du bonheur du ciel: voilà ce qui est indigne de la majesté impériale, voilà ce qui vous ravale au-dessous du plus obscur de vos sujets, et qui vous assimile aux persécuteurs des enfants du Calvaire; vous imprimez ainsi sur votre front une tache que les siècles n'effaceront jamais.

Je ne puis calmer mon âme à la vue des

maux religieux qui menacent encore la Pologne : car non-seulement les catholiques russes ont été violemment arrachés du sein de la mère de toutes les Églises, mais ce même fléau va tomber encore sur tous les disciples qu'elle possède dans ce royaume infortuné. Ah ! que ne puis-je me tromper ! Oui, je vois de loin la foudre du Scythe renverser les temples du vrai Dieu, plonger le sacerdoce dans l'apostasie, briser la foi des fidèles, et son bras de fer forcer les populations à fléchir le genou devant les idoles des Photius et de Michel Cérulaire. Le grain du salut, qui produit au centuple, sera écrasé comme la proie qui passe sous la dent du lion. Et l'Europe se tait ! et aucun Souverain ne prend la parole ! et personne n'ose élever la voix contre tant d'outrages faits à la raison et à l'humanité tout entière ! Ah ! vous le voyez, le knout des peuples est plus noueux que jamais ; aucune puissance n'ose prononcer le nom sacré et divin de liberté de conscience, de tolérance catholique !

Ne venez pas me dire que c'est une mesure qui ne ressort que du Souverain moscovite : je vous réponds que quand l'humanité tout entière est si indignement outragée et flétrie, toute voix humaine doit crier à l'injustice, et plaider la cause sacrée de l'opprimé; ou plutôt, je dis que lorsque le czar brandit son épée formidable, toute l'Europe tremble, et la voix et la parole manquent à la fois aux Souverains comme aux sujets. L'ombre du colosse se projette trop loin pour que l'on ose en repousser la cause. O liberté catholique! seul bien que les hommes puissent posséder sans remords, tu n'es plus qu'un vain nom, qu'une possession illusoire! et il faut que la tyrannie la puls cruelle et la plus inouïe vienne te ravir ce trésor inappréciable, par lequel tu t'assures une félicité et une gloire éternelles. Honte et malheur à tes oppresseurs!

Levez-vous donc, puissances de l'Europe, levez-vous, amis de l'humanité souffrante; vous vous coalisez noblement pour rompre la chaîne de l'esclavage du nègre, pour soulager ses pieds blessés et verser l'huile de la guérison sur ses flancs douloureux que la charrue a déchirés! Comment ne comprenez-vous pas que la liberté religieuse est mille fois plus précieuse que la liberté corporelle? Quelle différence mettez-vous donc entre le colon meurtrier et la main sacrilége qui éteint le flambeau de la foi? Soyez assez généreux et assez justes, puissants protecteurs de l'humanité, pour éclairer les insensés qui outragent si cruellement la nature, la raison et la conscience! Puisque vous êtes placés au-dessus des peuples et des nations, protégez-les dans toute l'étendue de votre mission universelle; et ainsi vous aurez bien mérité de vos contemporains et des âges futurs; le noble usage de votre pouvoir et de votre influence sera béni de toutes les générations à venir.

Le despotisme de la Moscovie, la nationalité de sa religion et la servilité des peuples qui forment cet immense Empire, sont les trois causes qui retarderont fort longtemps les progrès du catholicisme et de la civilisation dans ces froides contrées. J'approuve la sagesse et la prudence du gouvernement à prohiber avec vigueur l'importation des impures et subversives productions qui pullulent de toutes parts sur le sol européen; mais je ne puis m'empêcher de blâmer de toutes mes forces les rigueurs excessives qu'il met à arrêter les sages progrès de l'instruction religieuse; les sciences, les arts et l'industrie ont toujours fait la gloire et le bonheur des peuples, quand on a eu soin de leur donner une direction éclairée, et de tracer la route par où elles doivent marcher. Je sais que l'abus touche de près à la chose ; mais encore est-il vrai que ces connaissances relèvent l'esprit de l'homme, le rendent digne de sa destinée, et lui procurent les plus douces jouissances ; elles étendent sa prospérité et l'élèvent enfin à sa véritable hauteur. Eh ! qui en a plus besoin que les millions d'hommes qui couvrent la terre de la Scythie ? « Là (j'emprunte les paroles d'un homme célèbre, que j'applique avec justice à cette nation), « là, on voit certains animaux farouches, des mâles et des femelles répandus par la campagne, livides, attachés à la terre qu'ils fouillent et qu'ils remuent avec une opiniâtreté invincible ; ils ont comme une voix articulée, et quand ils se lèvent sur leurs pieds, ils montrent une face humaine ; et en effet ce sont des hommes. Ils se retirent la nuit dans des tanières, où ils vivent de pain noir, d'eau et de racines ; ils épargnent aux autres hommes la peine de semer, de labourer et de recueillir pour vivre, et méritent ainsi de ne pas manquer de ce pain qu'ils ont semés. » [1]

Je dis aussi que la religion nationale est une

[1] La Bruyère, *Caractères de l'homme*.

des funestes causes de la durée du schisme qui désole ce vaste Empire. La religion descend, comme l'instruction, des sources aristocratiques et gouvernementales, qui seules sont en possession de l'une et de l'autre ; de là, le servage perpétuel des masses populaires : car cette aristocratie se trouve trop bien de sa position exclusive, pour laisser pénétrer les rayons du soleil jusque sur les cerfs qui labourent ses domaines, et qui ne connaissent que les noms des fiefs de ces maîtres aussi durs qu'impérieux. Ainsi ces peuples esclaves, confinés d'ailleurs au pied de glaciers éternels, loin des peuples civilisateurs, vivront longtemps encore dans les ténèbres de l'ignorance et de l'erreur. Le temps viendra où la providence de Dieu et des hommes portera le feu sacré de la foi et du bonheur dans les contrées que la nature a si visiblement oubliées et méprisées.

CHAPITRE VII.

LA politique des Slaves étend tous les jours ses conquêtes; son influence en Europe égale au moins celle de la fière Albion. On peut affirmer d'abord que la maison de *Brandebourg* n'est que l'avant-garde des rois de Kiew; elle n'est véritablement que l'Espagne de la Russie. Il suffit d'examiner ce qui s'est passé depuis l'agrandissement de cet État, d'abord si limité, [1] pour se convaincre de cette haute vérité. La Russie a toujours appuyé la Prusse, les congrès en font foi; les alliances sont fréquentes entre ces deux maisons princières; tandis que rien de semblable n'existe

[1] La Prusse a été érigée en royaume par Frédéric Ier, en 1701.

avec l'Autriche. De son côté la Prusse s'attache comme une docile vassale à sa puissante protectrice; elle sait que ses États, composés de dix-sept millions d'hommes, sont vulnérables sous tous les rapports; on peut entrer avec facilité au cœur de ce pays par toutes ses frontières; aussi, pour le défendre, surtout contre la France et l'Autriche, elle ne peut et ne doit s'attacher avec confiance qu'à la Russie, qui seule jusqu'ici a maintenu sa nationalité. La Prusse n'est, à proprement parler, que le dernier grain qui fixe dans la balance l'équilibre européen; et c'est là, je crois, la seule voie ou l'unique cause de son existence politique. Toutes les puissances centrales de l'Europe auront à se repentir d'avoir laissé improviser ce royaume; mais il n'est plus temps de le rayer de la carte actuelle, la Russie descendrait avec ses légions, et couvrirait toute l'Europe de ses farouches essaims militaires.

Si la Prusse [1] n'est pas redoutable pour sa force militaire, son gouvernement est au moins un des plus injustes envers la religion

[1] Le Souverain actuel de la Prusse marche dans une voie qui lui assurera l'amour des catholiques de son royaume.

(Not. de l'aut.)

des populations catholiques : il poursuit avec une violence incroyable ses persécutions contre les premiers pasteurs. On connaît la triste histoire de l'Athanase de Cologne. Ce pontife immortel a projeté les rayons de sa gloire sur les obscurs ministres de la cour de Prusse, et c'est le seul jour où on les ait vus sortir de la poussière, comme l'insecte que la chaleur du soleil fait éclore. Quelle horreur ! quelle injustice ! de jeter dans les fers un prince de l'Église, aussi grand par sa haute position sociale que par l'éclat de ses vertus ! Sa fermeté a prévalu dans la question des mariages mixtes, et la foi triomphera de la partialité et de la tyrannie. Il est à souhaiter que les indignes membres du chapitre métropolitain soient renouvelés ou livrés à Satan *pour un temps*, afin de les *faire rentrer* dans l'enceinte de la maison de Christ. Nous parlerons bientôt des fausses sciences qui ont égaré tant d'esprits en Allemagne, sources corrompues où ont bu la plupart des ennemis de l'illustre prélat qui nous occupe en ce moment.

Je dis donc que la Russie règne sur la Prusse par son influence, comme l'Angleterre sur l'Espagne ; elle la domine, dans toute la force de l'idée de ce mot. Mais cette formidable puissance, qui occupe la vingtième partie du globe, a constamment la main levée sur l'empire du croissant. On sait ce que lui valut la campagne de 1829, et on a vu avec douleur le silence universel des puissances européennes au moment où les formidables armées des Scythes ont franchi les sommités du Balkan : les hourras qu'elles poussaient avaient intimidé tous les peuples. Sans doute il n'a pas été donné aux Souverains étrangers d'arrêter ce fleuve, qui ne craint aucune barrière, et qui grossit tous les jours ses eaux déjà si profondes et si funestes. N'en doutez pas, les enfants du Volga convoitent le sceptre des Osmanlis, et tandis que l'Angleterre se jettera sur la Syrie et l'Egypte, les Slaves envahiront le reste de l'empire des Sélim. Ces temps ne sont pas éloignés.

Voilà donc, illustres protocoliseurs, voilà où marche votre aveugle et impuissante politique; vous avez accordé naguère à cette redoutable puissance le droit exclusif des Dardanelles; sa fermeture, votre traité du 13 juillet l'a sanctionnée : aussi vous allez de concessions en concessions, c'est-à-dire que vous anéantissez insensiblement les nations que vous représentez. Cet équilibre européen dont vous ne cessez de parler, vous le rompez tous les jours ; vous préparez de loin les événements qui nous amèneront le règne du knout et du trident. Qui l'empêchera ? qui opposera une barrière assez solide à ce déluge qui déborde de toutes parts sur l'Europe centrale ? Je vous l'ai dit, et vous pouvez en juger : Albion envahit le midi, et la Moscovie le nord de notre vieille Europe. On ne fait pas même l'honneur aux autres puissances, l'Autriche excepté, de les prévenir. Hélas ! la France est dans le tombeau, je le démontrerai bientôt. Qui pourra donc arrêter les ondes du Volga ? Qui ? La croisade la plus compacte de l'Europe, l'union la plus intime et la plus indissoluble, l'harmonie la plus étendue entre toutes les puissances, moins l'Angleterre qui n'a pas de politique unitive, mais rapace, comme l'histoire le prouve. Hélas ! je compte peu sur cette union, et je ne crois pas qu'aucun soldat *fédéral* n'aille jamais voir les plaines de Moscow : elles furent fatales aux armées françaises, il est vrai ; mais au moins l'épée de Napoléon a humilié le Scythe en pénétrant au cœur de ce vaste empire, désormais fermé à toutes les nations. Ni les glaces de la Baltique ne le permettent, ni la volonté de l'Europe ne sera assez compacte pour une telle résolution. La sagesse des gouvernements consiste donc à refouler les Cimbres de la Moscovie dans leurs anciennes limites, et à veiller constamment sur leurs mouvements militaires : ce droit appartient surtout aux puissances limitrophes.

CHAPITRE VIII.

L'AUTRICHE est la puissance qui lutte avec le plus d'avantages et d'honneur contre les envahissement de la Russie. Ses frontières, constamment menacées, lui en font un devoir de vie et de mort. Cette dernière ne voit pas sans un regret amer les efforts constants de Schœnbrunn à la repousser dans ses glaciers et sur les rivages du Volga. L'Autriche est le salut de tous les peuples méditerranéens. Il est vrai qu'elle étend de fait sa domination sur toute l'Italie, et que son influence y règle toute la politique des petits Etats qui l'occupent (et qui ne sont en réalité que de nobles suzerains). La couronne de fer de Milan n'est pas un vain simulacre sur la tête auguste du chef suprême de la Germanie. C'est à lui que l'ancienne Hespéride doit la conservation de l'ordre et de la sage liberté qui fait le bonheur de ces divers peuples. Ces petits États doivent en effet se grouper autour du trône impérial d'Autriche, s'ils ne veulent devenir les esclaves de l'Angleterre et de la Russie, qui ne peuvent leur apporter en dot que le despotisme et la servitude.

Entendez-le, peuples d'Italie! enfants dégénérés! vous rêvez votre ancienne grandeur; vous voulez renaître de vos cendres; vous demandez qu'on vous appelle *Jeune-Italie*. Ah! insensés, que dites-vous? avez-vous quelque vertu? avez-vous du courage? où sont vos Cincinnatus, vos Camille, vos Scipion et vos Régulus? Vous ne savez donc pas que l'amour de la patrie et de la justice sont les principes de toute grandeur nationale? Et tandis que tout vous manque, vous nourrissez votre faible esprit du fantôme de régénération sociale! Frappez le sol de l'Italie, quelle voix entendez-vous? La voix de la mort, et de la mort éternelle de votre ancienne grandeur. Les ossements de vos aïeux sont la seule gloire qui vous appartienne à titre d'héritage patrimonial; pour vous, vous ramperez sans fin sur les débris de la splendeur de vos pères.

Ne vous irritez pas, sensibles enfants d'Hesper, car c'est l'histoire à la main que je vous jette ces véridiques paroles. Voyez vous-mêmes votre histoire: depuis que le sceptre des Césars est tombé des mains d'Augustule, n'avez-vous pas saisi mille fois les débris de la couronne nationale? avez-vous su la poser sur votre tête et marcher. Tous les peuples qui ont voulu visiter votre sol, l'ont fait impunément; jamais vous n'avez pu dire: Nous avons triomphé! Vandales, Français, Allemands, Russes, Normands, Sarrazins! tous les peuples de l'univers ont sillonné en tous sens votre sol, et toujours vous avez courbé la tête et fléchi le genou; et vous osez aujourd'hui tenir un langage de liberté et de nationalité! Allez! allez! vous filez des toiles d'araignée dans vos souterrains et vos retraites ténébreuses; et il sera éternellement vrai que vous êtes, comme vous l'avez toujours été, le peuple le moins compacte de l'univers. Vos petits États ne seront jamais assez unis pour n'avoir qu'une volonté et qu'une action; vous serez constamment divisés, et pauvres des premiers éléments qui constituent un royaume et un pouvoir quelconque. Sachez donc apprécier votre bonheur actuel; groupez-vous, avec toute la compacité dont vous êtes capables, autour de vos princes respectifs; craignez plutôt que le knout de la Moscovie et le trident d'Albion ne viennent se croiser sur votre tête, et vous meurtrir sans mesure; rappelez-vous enfin que votre tutelle est éternelle. Ne vous irritez point, peuples généreux et sensibles; vous avez pour vous le plus beau sol de l'Europe, et vous vous trouvez encore assez grands pour être admirés de toutes les nations reconnaissantes: car les arts ont leur trône sur votre terre sacrée, et vous vivez sous l'ombre du plus humain des protecteurs.

L'Autriche, dans ses luttes incessantes avec ses redoutables voisins, ne déplace cependant pas ses limites territoriales. Elle a eu le tort immense de laisser grandir la Prusse, et le tort plus grand encore d'avoir irrité par des persécutions déraisonnables les provinces belges. Le novateur aveugle, Joseph II, cette fée politique et religieuse, qui pénétrait dans les sacristies où il n'avait rien à faire, a lacéré par ses imprudences sans nombre le vaste Empire germanique; il a retranché de ses mains une des palmes les plus brillantes de sa couronne, en irritant sans motifs graves les populations des Provinces-Unies.

Depuis la séparation des provinces belges, l'Autriche a perdu les deux tiers de ses États dans les guerres sanglantes qu'elle a eues à soutenir contre l'Empire français ; jamais, depuis Othon-le-Grand, elle ne s'était vue si près de sa ruine totale ; juste châtiment de la cruelle et aveugle politique de Joseph II, qui a jeté l'Eglise dans le plus humiliant esclavage ! il mit toute sa gloire à violenter la religion, en tolérant les sectes les plus monstrueuses qui pullulent sans cesse dans cette rêveuse contrée, non moins que dans le reste de l'Allemagne.

En effet, la Confédération Germanique a toujours été le siége et la source des hommes que l'on appelle avec tant de justice les *Songes-creux de l'Allemagne*. On y voit le spiritualisme, ou pour mieux dire le panthéisme du philosophe de Kœnisberg, propagé avec fureur par les Fichte, les Schelling, les Gœthe et les Neander, pour ne pas parler de tant d'autres. Cette sombre doctrine est peut-être plus funeste que le sensualisme voltairien. L'impiété la plus profonde couvre de son affreux manteau les négations, les mythes et l'exégèse, sur lesquels est basé ce fatal système. Les livres de Strauss, de Bohlen et de Lengerke sont l'expression vivante et fidèle de toute la philosophie et de toute la théologie allemande. Ces novateurs insensés, enfants de la prétendue Réforme, ont arboré le drapeau de l'athéisme et de l'incrédulité la plus absolue. Chacun sait que la *philosophie* de Kant a donné naissance à l'*hermésianisme*, qui cherche non-seulement à établir une fraternité parfaite entre les théologies patriarcales, judaïques, chrétiennes et mahométanes, mais encore à découvrir la même fraternité entre les théologies catholiques, sabelliennes, ariennes, calvinistes et luthériennes. On sait quels succès les hermésiens ont obtenus, en aveuglant, en séduisant les intelligences vulgaires et imprudentes.

C'est à la molle résistance de tous les Souverains de la Confédération Germanique que sont dus les bouleversements et la plupart des guerres qui ont désolé ce pays. On sait ce qu'il en a coûté à Charles-Quint pour ses excès de tolérance en faveur d'hommes qui proclamaient avec tant de fureur l'insurrection des peuples contre l'Église et contre les rois. Des ruisseaux de sang n'ont pu encore purifier le sol germanique des crimes de tant de novateurs qui ont vu le jour dans ces contrées si fécondes en monstruosités doctrinales. Ce qui est phénoménal, ou mieux véritablement divin, c'est la marche uniforme et paisible de la foi catholique; nul trouble dans son sein, nul changement, nulle altération de principes; mais au contraire, même loi, même vue, dans la direction des enfants qui lui sont soumis, par la raison que la vérité ne repose que sur Dieu même et sur l'autorité visible qu'il a établie, et qui est toujours inaccessible aux flots du temps comme aux passions des hommes. Elle nourrit quelquefois des enfants rebelles; mais dès l'instant qu'ils se sont changés en serpents, elle les rejette comme des larves impures, dignes de l'éternel ennemi du règne de Dieu sur les hommes. Il y a, dans l'illustre chapitre de Cologne, des fils de Baal; le nouvel Anathase en a gémi profondément; ses entrailles ont été déchirées. Ah! les insensés! ils ont voulu se tordre à la colonne du pouvoir temporel; ils y ont trouvé et bu le poison de la mort.

Qui pourrait enfin énumérer toutes les illusions, tous les feux phosphoriques des novateurs allemands? Qui comptera toutes les monstruosités intellectuelles et morales, depuis seulement les Spartacus jusqu'aux prostituées du pouvoir royal, qui ont si cruellement brisé la houlette divine de l'immortel Pontife dont nous venons de parler, après avoir couvert de sang et de boue l'autel de l'Église romaine? Ne sont-ils pas innombrables, tous ces artisans d'exégèse; ces herméсiens sataniques qui s'enveloppent de pourpre, tandis que le Maître de l'univers ne couvrait ses épaules sanglantes que du manteau de la douleur et de la dérision? Ah! tous ces Souverains d'Allemagne, qui ont été eux-mêmes tant de fois les tristes victimes de leur funeste tolérance, devraient savoir que leur histoire est rouge, depuis trois siècles, du sang national versé sans mesure pour la cause de l'erreur. Leur mollesse gouvernementale a souvent *présidé* aux rêves infernaux qui ont placé leurs États sur des volcans qui ne s'éteindront jamais. Les belliqueuses nations d'Allemagne ont donc besoin d'une force immense pour défendre leurs droits politiques et religieux; et je ne comprends pas pourquoi l'Allemagne s'est dessaisie du droit de surveillance sur les bouches du Danube, qui est la principale artère de son commerce : elle en aura un long repentir, je n'ose dire un repentir éternel, encore que ce soit ma conviction profonde : c'est le traité de juillet qui a laceré ainsi l'indépendance du commerce, si faible d'ailleurs et si limité. A ce mot de juillet, je sens mon esprit tourner la proue vers la France, et j'ai un voile immense à soulever et à déchirer dans toute son étendue.

CHAPITRE IX.

LA France se présente à mes regards sous deux points de vue également importants : le point de vue politique et l'aspect religieux. Ce pays de prédilection a toujours excité la sympathie chez tous les hommes qui ont su l'apprécier. Rien n'est comparable au caractère français : franchise, douceur, cordialité, saillies, sont des qualités qui lui sont exclusives ; partout on applaudit à ses rares amabilités : son histoire en est le garant irrécusable ; sa valeur guerrière est au-dessus de tous les obstacles ; mais il lui faut, plus qu'à tout autre peuple, des chefs habiles qui le tiennent toujours en haleine, et qui sachent profiter de son impétuosité au moment où elle éclate; c'était la pensée du *grand capitaine*, comme des héros de Tolbiac et de Tours. Ces plaines de gloire et d'honneur publieront éternellement que la France poursuit sans interruption ses immortelles destinées. Je sais, et je me hâte de le dire, que quelques-uns de ses enfants ont forfait à leur haute vocation nationale, et que les serpents, qui ont vu le jour dans son sein, ont fait des plaies incurables à la religion et à la société tout entière; mais ce ne sont là que des fruits impurs, des scories du sol français. Ce sol béni ne peut répondre des monstres exotiques, envoyés par l'enfer pour la ruine de l'humanité.

La France est le point central de tous les mouvements politiques et religieux de l'Europe; c'est un fait attesté par quinze siècles consécutifs : elle est, ou mieux, elle a été jusqu'ici la colonne pivotale sur laquelle ont roulé tous les intérêts nationaux des peuples qui l'environnent. Dès le moment où la *Franque* eut brisé la lance romaine, elle a projeté son ombre dans toute l'étendue de l'antique terre de Japhet. Ouvrez l'histoire. Quand l'Europe a-t-elle joui de la paix? Quand la France l'a aussi voulu. Mais aussitôt que la framée des fils du Rhin sortait du fourreau, toute l'Europe était hérissée de piques, ou lacérée par des boulets de canon. Ce peuple est véritablement né pour dominer, c'est le cachet de son front. Le dix-neuvième siècle surtout a révélé les forces et le génie colossal de la France ; l'univers fut effrayé de voir l'aigle nationale voler d'un trait de Lisbonne à Moscow : dix ans ont suffi pour forcer les plus redoutables empires, et les réduire à la plus humble dépendance. Le nouveau Charlemagne a couru de victoire en victoire, jusqu'au moment fatal où il est allé heurter du front les glaces d'Astrakan, terre désormais invisible au soldat français.

Au retour des anciens Souverains de la France, l'illustre mort à qui j'ai promis le repos sépulcral, aidé de quelques diplomates comme lui, imposa à la France un manteau de fer, qui l'écrase depuis vingt-sept ans, je veux dire la charte, œuvre de ténèbres et de douleur, principe éternel des ignominies de la France, qui n'est pas née pour être régie par une charte, puisque sa décadence date de l'existence de ce fétus anglais. On y puise toutes les maximes qui autorisent les exactions de tous genres, et jamais on ne parvient à y trouver un texte de bonheur politique ou religieux ; c'est la pomme de discorde, dans toute l'étendue de la signification de ce mot. Le gouvernement actuel procède sans charte, et Charles X n'a vu Cherbourg que pour avoir eu à suivre une charte. Je n'hésite pas à prononcer que nous touchons au temps où la charte ne sera plus qu'un livre purement sibyllin, dont les oracles se plient à volonté, et qui ne servent qu'à marquer le machiavélisme gouvernemental. Quelqu'un dira que le temps est déjà arrivé, et que le Code-Modèle des nations est lacéré dans tous les sens. Je le crois, et je suis tenté d'approuver cette conduite, tant je suis convaincu qu'une charte pour la France est une monstruosité, par cette grande raison que la charte rend la France malheureuse ; voilà un fait incontestable. Vous direz que c'est la faute des hommes ; oh ! non, le vice est dans la chose, qui se prête à toutes les formes, et qui, en conséquence, sera toujours l'arsenal de toutes les iniquités politiques imaginables. Je sais que les abus sont inséparables des choses ; mais vous ne nierez pas non plus qu'il est des maximes, des institutions qui se prêtent plus facilement aux abus ; et la charte est de ce nombre. Enfin, la charte constitutionnelle a ruiné la France, comme cause première et directe. Je voudrais imprimer cette vérité au front de tous les hommes que je combats, pour les forcer à y réfléchir plus souvent; j'aurais besoin encore de déraciner leurs préjugés, et de compenser leurs intérêts chartistes : c'est ce qui n'est pas en mon pouvoir.

Non, jamais la France n'a été plus petite, plus tenue, plus macérée, que depuis que l'on y parle de charte. C'est une gaze que de cruels ennemis ont jetée sur des insensés captifs, pour leur épargner l'horreur de leurs fers. Soyez persuadé qu'Albion, qui connaît si bien l'esprit et le caractère français, lui a inoculé le venin chartique, pour profiter des convulsions du malade. Toutes les fois que ces convulsions se changeront en délire, elle retranchera une branche, puis une seconde, et ne laissera plus que le tronc de ce grand arbre, qui jadis donnait de l'ombre à toute l'Europe. Je vous promets, anglomanes, Guizot, Thiers et autres frères d'outre-mer, de revenir sur cette importante question; pour le moment je vous déclare que la France aura toujours besoin de tutelle, tant qu'elle voudra s'engouer de sa charte constitutionnelle. Je parle sans passion, car, peu importe, je marche heureusement loin de votre bannière constitutionnelle[1]; je n'entends pas non plus le chant belliqueux de votre *aigle* gaulois; peu importe, dis-je, que le pouvoir soit parlementaire ou personnel, quand il fait le bonheur et la gloire de la nation; et c'est ce qui n'existe pas, ni ne peut exister pour le peuple français : car, outre les cinq lustres qui ont couvert la France de sombres nuages, et diminué d'une manière si déplorable son bonheur, dites-moi, de quelle utilité peuvent vous être vos quatre cent cinquante-neuf sourds-muets que vous appelez députés? Enfants d la corruption, ils ne peuvent porter de bons fruits : vous devriez le voir. Croyez-le bien, Français, la création du palais Bourbon n'est qu'une duperie. Qui est dupe? vous-mêmes. Vous criez à ébranler le sol, *vive la charte!* Criez plutôt, *vivent les dupes*, ils sont toujours utiles. Ils arrivent à leur fin ces *hommes d'État*; c'est-à-dire qu'ils sont honorés par le pouvoir, et reviennent trôner dans leurs châteaux, après huit mois de repos au palais Bourbon, les poches garnies, et le ventre bien arrondi.

[1] Mon roi est le plus sage de l'univers.

Que font-ils pendant cet heureux laps de temps? Ecoutez-moi : ils formulent des lois qui nuisent à la société par leur excessive multiplicité. Ces fautes doivent retentir plus haut et plus loin..

Tous les gouvernements, toutes les associations civiles, religieuses, si petite que soit l'autorité que l'on y exerce, partout on voit le sol européen se joncher de lois. Je ne puis m'expliquer cette profusion de lois qui retardent le bonheur bien plus qu'elles ne le répandent au milieu des peuples. Ah! j'en vois la cause : on comprend que les hommes n'ont plus de principes moraux ni religieux, et pour s'assurer de leur volonté, on leur parle toujours de lois, comme si les lois fesaient seules la force des États et des corporations quelconques. Ne vous y trompez pas, suprêmes législateurs, la société ne se régénérera pas ainsi. Vous ne faites que multiplier les transgressions : car il ne se remarque jamais plus de désordres et d'infractions que lorsque les lois surabondent. Il en est de même du serment, qui se multiplie à mesure que la foi et la morale s'éteignent : on exige des serments pour toute assertion, si indifférente qu'elle soit, sans se rappeler qu'il n'est plus que la preuve du parjure. Je sais que les exceptions sont nombreuses (hors du cercle politique); mais il demeure établi que les lois attestent, par leur multiplicité, la corruption croissante de la génération actuelle, non moins que la ruine des principes conservateurs de la société. L'œuvre donc des députés est nulle, si elle n'est même nuisible à la nation. Je dis la nation, car pour eux ils acquièrent sur leurs chaises curules une influence qui les suit jusque dans leur canton, où ils sont si glorieux de leurs exploits parlementaires! Là ils distribuent les dignités, les places et les honneurs; on fléchit le genou quand on les aperçoit, et ils deviennent tout-à-coup rois des Français, et souvent despotes de leurs humbles sujets. Les *rois* se multiplient ainsi sans mesure. Si vous n'en aviez qu'un, vous parviendriez plus facilement à lui, croyez-le; il aurait seul le droit de vous accorder les grâces que vous sollicitez, tandis que sous le régime de votre constitutionalisme, vos nombreuses pétitions vont faire gémir le dossier des demandes qui y arrivent de tous les coins du royaume, et subissent l'humiliant affront de n'être pas même écoutées par les brillants représentants des intérêts du peuple.

Qu'avez-vous donc fait, insensés, quand vous avez demandé une charte? Aveugles! vous vous êtes creusé un tombeau! et ce tombeau est assez profond pour que jamais vous ne parveniez à en sortir. Criez vers le ciel; peut-être alors la Providence, touchée de vos maux, viendra-t-elle combler de ses mains divines le fatal précipice; peut-être elle nivellera la terre féconde de France, aujourd'hui livrée à tous les genres d'anarchie.

CHAPITRE X.

J'ENTENDS crier de toutes parts : *La réforme electorale, voilà le remède à tous nos maux politiques et civils.* Ah ! nouveaux Tantales, vos lèvres seront éternellement brûlantes. L'onde fraîche et douce que vous voyez arriver vers vous, se perdra avant que ayez pu vous y désaltérer. Non, jamais il n'y aura de réforme électorale ; et quand elle se ferait enfin, les hommes nouveaux que vous auriez constitués vos représentants, revêtiront les habits de leurs prédécesseurs ; et vous en connaissez la couleur et le prix ! on ne résiste jamais à l'appas de l'or ministériel. Le Dieu du siècle, ou plutôt de tous les siècles, est le métal dont je parle. « Je ne désespère pas d'une place, disait le Macédonien, où je pourrai faire arriver un mulet chargé d'argent. » La France est donc condamnée à se mouvoir dans un cercle perpétuel de dilapidation, de corruption et de malheur, suites inévitables de la forme de son gouvernement, et de tels abus sont spéciaux au constitutionalisme, quelque brillant que soit le côté que présente d'abord le gouvernement parlementaire ; car il est de son essence d'être dégradant. La spéculation en est belle, je l'avoue, mais l'exécution en est impossible : les esprits célestes eux-mêmes ne résisteraient pas à la corruption; plus on avance dans ce régime, plus elle devient profonde. Voyez la décadence de la France depuis le glorieux Juillet ! Je sais qu'on peut lui assigner d'autres causes encore ; je les développerai bientôt ; mais l'immense route que parcourent les intrus du constitutionalisme, ouvrira de nouvelles plaies à cette victime, déjà frappée de tant de coups mortels. Le vieux Roi savait l'entourer d'une heureuse auréole, et la garantissait contre l'esclavage des puissances étrangères, spécialement de l'Angleterre.

Ce prince, enfant de l'exil, a été jeté sur le sol étranger, non pour avoir violé la charte, mais pour l'avoir interprétée dans toute son étendue : l'histoire l'attestera quand les passions contemporaines seront calmées; les concessions imprudentes qu'il fit d'abord affaiblirent trop son énergie, pour qu'il parvînt à se replacer ensuite dans sa véritable élévation. La bonté doit être limitée, en ces jours de nivellement univerversel, plus qu'à aucune autre époque. La méchanceté des hommes surpasse presque toujours la bienveillance et la générosité ! Louis XVI a porté sa tête sacrée sur l'échafaud national, ou du moins parlementaire, pour n'avoir voulu arborer que le sceptre de la bonté.

Désormais tous les gouvernements intelligents, quelle que soit leur forme ou leur constitution, doivent, sous peine de mort, écrire en lettres de diamants, autour de leur trône, comme sur leur couronne : « De par les révolutions quotidiennes, *fermeté* toujours et pour tous. » Ce principe, qui seul sauve la société et refoule l'anarchie au centre de son néant, assure en même temps le repos du citoyen sage et paisible. C'est la violation de cette maxime politique qui a conduit tant de princes sous le couteau sanglant des vandales modernes, et à mille Cherbourgs européens. La concession la plus délétère que fit le vieux Roi, fut celle de la liberté de la presse en 1825, et ici je dois signaler, sinon stigmatiser, le premierécrivain du siècle, le vicomte de Châteaubriant, comme l'un des plus funestes instruments de cette liberté excessive. Quelque haut qu'il soit placé comme autorité littéraire ou diplomatique, je dois lui reprocher en face de l'Europe, qu'il a été une des causes fatales de la ruine de l'ancienne monarchie. Je veux qu'un tel malheur soit arrivé contre sa volonté, mais c'est un fait incontestable ; je lui jette ce reproche sans crainte comme sans remords : car dès l'instant où les novateurs religieux et politiques eurent conquis sur le tribunal de la censure, plus de liberté et plus de licence, le trône de la religion et de la royauté commencèrent à chanceler, et tombèrent avec une effrayante rapidité. Les ovations que l'illustre écrivain reçut à cette époque, comme plus tard, ont dû lui faire verser des larmes ; car elles étaient le fruit impur de la population la plus éhontée et la plus subversive de la France. En vain mille mains tutélaires ont-elles voulu consolider le trône et l'autel, la foudre de la presse les avait frappés ; ils ont dû tomber en poussière et périr. Cette explosion du volcan n'a pas été prévue par le grand orateur, et, je le sais, il a gémi ;

mais c'est un stérile repentir. Recueillez donc, homme immortel, recueillez tant de débris! Ah! vous descendrez dans la tombe avec votre gloire séculaire, tandis que vos fils et vos concitoyens subiront les suites fatales de votre triste coopération à assurer la liberté de la presse. Il est donc évident que le système des concessions a été la cause principale de la chûte de la branche aînée des Bourbons.

On doit rendre justice à cette illustre dynastie, elle n'a jamais promené le sceptre de l'esclavage sur la tête du peuple français, ni avancé sur ses pieds les chaînes des puissances étrangères. Ne l'a-t-on pas vue, au contraire, digne et fière, marcher, malgré l'Angleterre, contre les rebelles de l'Ybérie? n'a-t-elle pas couvert le sol d'Espagne de ses bataillons redoutables en face des anathèmes que lançaient sur elle les corsaires d'Albion? n'a-t-elle pas renversé les remparts d'airain de l'indomptable Alger, et chassé honteusement de leurs repaires les hordes sauvages qui rançonnaient le sang chrétien? Voyez ses drapeaux flotter avec orgueil à côté de ceux des maîtres de la mer! Navarin, tu attesteras la valeur française aussi bien que le cœur national de ses anciens monarques.

Oh! non, je n'hésite pas à le dire, la France du vieux Roi n'aurait jamais permis que les Pyrrénées devinssent des redoutes anglaises, ni la Belgique une place forte de cette même nation. Dès le moment où l'empreinte de son pied fut effacé de Dunkerque, l'Angleterre n'osait plus jeter ses regards sur une contrée aussi puissante que la France, ni manifester des projets tels que ceux qu'elle lui impose depuis dix ans. Elle était grande sous ses premiers rois; mais elle ne le sera plus, trop d'obstacles s'y opposent : elle est descendue à une profondeur trop prodigieuse, pour que jamais elle parvienne à se relever. Ses ailes lui sont désormais inutiles.

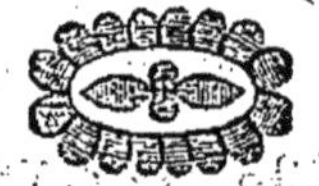

CHAPITRE XI.

MAIS quoi ! le chef actuel de l'État n'est-il pas digne de la France ? Ah ! nous sommes enfin arrivés à parler de cette célébrité unique sous tous les points de vue : son règne est plus utile à ses voisins qu'à lui-même et au pays qu'il gouverne. Il est évident d'abord que la paix de l'Europe est le fruit de sa politique et de sa constante application à étouffer tous les germes des révolutions dont la France est toujours si féconde, depuis qu'on a eu le tort irrémissible de dire au peuple qu'il était *souverain*. Nous verrons tous l'horreur de ce mensonge. Disons maintenant que Louis-Philippe est, à certains égards, un homme admirable ! Je proteste de nouveau de mon impartialité : laissez-moi donc affirmer qu'il est admirable comme principe d'ordre. On sait que l'ordre est une chaîne divine, dont le premier anneau tient au trône de Dieu même, et qui, descendant d'une si prodigieuse hauteur, environne les hommes et enchaîne leurs passions déréglées, quelle qu'en soit la nature. L'ordre est la source du bonheur des sociétés, et cet ordre règne quand chacun se renferme dans sa sphère politique, civile et religieuse : de là découle toute félicité pour les États, dans toutes leurs ramifications. Sous ce rapport, le Roi des Français a droit aux remercîments de l'Europe entière; il a épargné aux puissances européennes le recrutement de nombreuses armées. Si leurs trésors n'ont pas été vidés, si des ruisseaux de sang n'ont pas coulé, si les larmes n'ont pas meurtri le visage de la veuve, si chaque Souverain porte encore avec assurance sa couronne: qu'on le sache bien, c'est à Louis-Philippe qu'on le doit, c'est à lui que l'on est tenu de rendre d'immortelles actions de grâces! La France surtout lui est infiniment redevable, car ses divisions, ses fractions si multipliées sur son beau et fertile territoire, auraient pu faire éclore des malheurs que je n'ose exprimer : non que je désespère de son courage et de sa valeur ; mais il est incontestable que cette nation a pour ennemis toutes les autres nations, et cette inimitié tient à leurs entrailles mêmes. Voilà un fait, et alors je demande ce que la France pourrait faire ! La grande cause de cet isolement déplorable où se trouve la France, est la surabondance de ses principes anarchiques. Français ! méditez ces paroles avec calme, et vous en reconnaîtrez la justesse, je n'en doute pas !

Le chef de la France ou des Français est encore admirable par la rare habileté qu'il a déployée dans la pacification intérieure de ce pays. Tous les projets de ses nombreux ennemis sont venus échouer devant sa politique profonde et sa prudence consommée ; il a conquis l'amitié des autres Souverains par des promesses, des concessions funestes à la nation, il est vrai, mais indispensables à la paix générale de l'Europe. Quoique éclos sous le feu des barricades, et sorti de la poussière même du *champ de bataille*, il est parvenu, par son incroyable habileté, à la ligne horizontale de la royauté. Je l'avoue, il y a un chaos immense entre le roi-citoyen qui, l'immortel parapluie sous le bras, parcourait les rues de la capitale, donnant des poignées de mains aux ouvriers les plus inconnus, et le Roi qui trône avec splendeur aux Tuileries, défendues par mille baïonnettes étincelantes : pour arriver si haut et s'enfoncer si avant, après une naissance si osbcure, il a fallu une prudence surhumaine ; et Louis-Philippe la possède tout entière. Honneur donc à cette habileté ! car c'est une qualité honorable en elle-même ; honneur à ce prince ! je l'en reconnais digne. Je vis loin de son sceptre, mais c'est à lui que je dois le repos de ma patrie, et l'Europe entière lui doit le sien ; il a éteint l'incendie qui ravageait la France, et qui allait réduire en cendres toutes les contrées voisines. L'humanité et la religion lui doivent de solennels hommages, et tout homme qui se glorifie d'impartialité, lui rendra cette éclatante justice : il a neutralisé tous les efforts de la propagande de sang et de carnage qui menaçait toute l'Europe dans ces dernières années ; son foyer était à Paris, et étendait ses ondulations dans toutes les directions européennes. Pourquoi rappeler ici les révolutions belges, polonaises ? celles de Saxe, de Brunswick, de la Hesse-Électorale ? celle de huit cantons suisses, de Modène, de Bologne? L'éloge que je donne ici au chef de la France, comme conservateur de l'ordre et comme prodige de prudence et d'habileté, est la vérité même, et cet homme-phénomène et providentiel sera un jour environné d'une gloire plus grande qu'on ne pourrait d'abord penser ; la postérité, plus calme, sera aussi plus impartiale, et par conséquent plus juste.

Mais la France comme nation, où se trouve-t-elle placée? quelle est sa position, sa vitalité vis-à-vis des autres nations de l'Europe? qu'est-elle devenue depuis onze ans? Ici se présente un tableau bien différent. Je promène mes regards sur le beau pays de la France; je scrute les cœurs de trente-trois millions d'hommes, je les interroge. Hélas! je ne vois plus de France! Les Français que j'aperçois sont en petit nombre; tristes spectateurs des maux de leur patrie, ils pleurent sans mesure sur les maux du premier peuple de l'Europe. Ce peuple est aujourd'hui atteint d'une telle faiblesse, qu'il ne se relèvera jamais de son abattement. Je ne crains pas de l'avouer publiquement : la France est placée plus bas qu'elle ne l'était après les désastres d'Azincourt; par la raison qu'à cette désastreuse époque elle n'avait qu'une épée, qui était tout entière tournée contre l'Anglais, non plus qu'un soldat, qui se dressait jour et nuit contre lui ; c'est-à-dire que la nation n'avait qu'une même volonté, qu'un même intérêt ; ses ennemis n'étaient ni aussi nombreux, ni aussi puissants qu'au temps actuel. Le Roi de Bourges n'avait à combattre que la valeur d'Albion ; aujourd'hui il faut briser les piques et les lances de toute l'Europe. Il est sans doute en France des diplomates capables d'arrêter les invasions étrangères, mais ils vivent dans l'obscurité et l'isolement, et les chefs de la nation, Thiers, Guizot, et autres de même valeur, habiles feuilletonistes, gouvernent l'État avec tout l'aveuglement que l'audace peut fournir à des hommes à qui il a été *donné de prévaloir* contre la bonne cause.

O France ! où es-tu ? Ah ! tu es forcée de cacher ta nudité avec la phraséologie de tes vains discoureurs, comme le premier homme cachait la sienne sous les feuilles mortes qui jonchaient son ancienne habitation de délices ! Il arrive ce temps de malheur, où tes ennemis te renferment avec audace dans ta patrie humiliée. L'amour que je te porte m'afflige et me fait trembler sur ton avenir. Je vois que tes nombreux ennemis te cernent de toutes parts, et que leurs mains puissantes et barbares t'apportent tous les jours de nouvelles chaînes; ils rivent insensiblement tes fers; c'est une calamité inouie pour toi, comme pour l'univers social et catholique. Car tu as toujours été le pays de la foi, de cette foi conquise à Tolbiac, et qui a été si utile à l'Église du Christ, non moins qu'à ta grandeur nationale; tes enfants sont les disciples les plus féconds en œuvres de miséricorde; leurs vertus, leurs lumières, leur dévouement, ont constamment fait l'admiration de tous les siècles. Ah ! tandis que ton sceptre était encore visible, la doctrine du Vainqueur des nations et de la mort, était propagée et honorée dans tout l'univers. Toi surtout as glorieusement protégé jusqu'ici la loi sainte dans toutes les régions de la terre. Le seul nom français était la plus grande garantie chez les barbares de toutes les régions du monde.

Mais depuis que ton prodigieux sceptre a été meurtri avec tant de brutalité et d'aveuglement, depuis qu'il ne paraît plus à l'horizon des nations, la foi n'a plus de protecteur assez puissant pour la faire honorer. Voilà, ô France! la cause profonde de ma douleur et de mes gémissements. Ton influence religieuse a été inappréciable; mais les sombres nuages qui sont venus obscurcir ta gloire, s'amoncellent avec tant d'intensité, que tu ne jouis plus que d'un faible horizon; les remparts politiques qui s'élèvent autour de toi sont si formidables, que tu peux à peine te mouvoir sur ton sol natal, tant tes ennemis te pressent de près! tant tu es tombée chaque jour de ruine en ruine!

CHAPITRE XII.

MONTRE-MOI, France, ta force publique! déploie tes drapeaux vainqueurs! Où sont tes victoires? où est la nationalité polonaise qui ne devait pas périr? Apportez-moi, Français, quelques débris des forteresses belges qui allaient tomber comme les murs de Jéricho! A-t-il conquis son indépendance, le Pacha d'Egypte qui s'appuyait sur votre bras protecteur? Je ne parle plus de l'Ybérie anglaise, ni de la Lusitanie. N'avez-vous pas adhéré à la conquête de l'Empire ottoman par la Russie? Que vous reste-t-il donc? Il vous reste la honte et l'ignominie; il vous reste une tache indélébile, qui ternira éternellement votre front. On vous a accordé, comme une grâce signalée, de rentrer dans le concert européen. Hé ! qu'est-ce que cette entrée dont vous vous targuez sans fin ? Elle prouve que vous êtes une nation esclave ; elle prouve que votre prépondérance et vos forces sont anéanties pour jamais ; elle prouve que les puissances de l'Europe vous ont mis en main le sceptre de la faiblesse et de la honte la plus dure. O esclavage ! ô douleur ! ô ruine du commerce ! n'avez-vous pas accordé à l'Angleterre le droit de visiter vos vaisseaux ? n'est-ce pas la faiblesse et l'aveuglement le plus déplorable qui vous ont fait condescendre à cet acte de la plus rampante servitude ? Je suis persuadé que vous avez poussé un profond soupir et versé quelques larmes en prêtant votre main servile à cette monstruosité nationale ; mais vous n'avez plus la force de vous montrer dignes de vos pères, ni du pays où vous avez vu le jour ; vous n'avez plus de liberté, vous êtes enchaîné au char de l'Europe ; vous servez au triomphe des nations étrangères, comme les généraux vaincus de l'ancienne Rome.

J'approuve cet acte d'humanité qui rend la liberté aux nègres ; mais ce bienfait n'est qu'un demi-bienfait, tandis que l'émancipation ne commencera pas par l'intelligence, c'est-à-dire par l'instruction religieuse. Sans cette première mesure, l'émancipation n'est qu'une illusion; on a dû s'en convaincre par les résultats obtenus jusqu'ici: que sont devenus les esclaves émancipés? Des hommes de rapine et de vol, incapables d'exploiter noblement le bienfait de la liberté qu'on leur accordait. Voilà un fait, et un fait éclatant: St.-Domingue et tant d'autres pays en font foi. Les émancipateurs humanitaires le comprendraient ce fait, si la haine qu'ils ont gardée au Christ et à ses enfants, ne les plongeait pas dans un incurable aveuglement.

Il est vrai, l'histoire du monde le démontre, la religion doit suivre simultanément l'émancipation, pour que cet acte d'humanité soit parfait. Hélas! les prejugés font rejeter bien loin cette importante maxime; ou du moins les puissants qui s'efforcent de rompre les chaînes de l'esclavage, n'en comprennent nullement l'importance, et n'en font que l'accessoire du bonheur des noirs émancipés. Savez-vous, leur dirons-nous, ainsi qu'à tous les ténébreux philosophes qui veulent refaire la société sans le secours de la religion, savez-vous qui a émancipé la grande famille du genre humain? Avouez-le, c'est le catholicisme, c'est la religion du Christ. C'est lui qui a posé le niveau divin de l'égalité des hommes, au-dessus duquel la vertu seule peut s'élever; c'est lui qui a brisé les chaînes de l'esclavage romain, comme celles des peuples modernes. Deux mots ont suffi pour faire tomber à la fois tous les fers de l'esclavage; ces mots sont: *Notre Père*, prière sublime, qui a créé la fraternité universelle, en proclamant un père commun de tous les hommes. Voilà, politiques, voilà philosophes émancipateurs, le premier libérateur de l'univers; voilà le principe unique qui doit vous régir dans l'acte d'émancipation que vous annoncez aux peuples esclaves: faites-leur annoncer, en premier lieu, qu'il est un Père commun à tous, qu'il a prescrit à l'homme des devoirs, et que ce n'est qu'en les accomplissant qu'il est heureux et véritablement libre: alors les esclaves seront hommes, et ne se livreront plus à tous les excès qui suivent leur émancipation.

O régénérateurs insensés! philosophes aveugles qui voulez reconstruire la société et appeler à la lumière les générations naissantes; levez les yeux, voyez sur tout l'univers les bienfaits de l'émancipation opérée par le Christ, le Sauveur des hommes! ne rougissez pas, mais soyez sans passion, si vous le pouvez. Vous devez tout au Sauveur du monde; car il a tout sauvé, tout rétabli dans l'ordre primitif: malgré vos dédains affectés, malgré votre sourire infernal, malgré les torrents de fiel que vous jetez de votre bouche impure sur la face divine du Christ, je vous l'annonce, la main sur l'histoire du monde, jamais vous ne ferez le bonheur complet des hommes que vous prétendez émanciper, tant que vous ne verserez pas la doctrine évangélique dans le cœur de vos esclaves! Voulez-vous voir ce que peut la religion pour le bonheur d'un peuple qu'elle a émancipé? voyez les nobles fils d'Ignace civilisant le Paraguay[1]: quel prodige s'opère tout-à-coup dans les mœurs de ces sauvages? quel amour pour leurs frères! quelle union, quel ordre, quelles délices! Voilà le fruit que porte l'arbre sanglant du Calvaire, seul capable de changer les peuples et de faire leur bonheur. Après ce court épisode sur l'émancipation des noirs, il est nécessaire de chercher les causes du prodigieux abaissement de la France.

[1] En 1730 les missions de l'Uragay comprenaient 29,500 familles, présentant un effectif de 133,700 âmes.

CHAPITRE XIII.

La première cause des malheurs actuels de la France est la funeste profession de foi de ses principes politiques, qui ont irrité et soulevé toute l'Europe contre elle : je parle, comme vous pouvez le comprendre, de sa forme gouvernementale, et de cette fraction qui ne rêve que trouble et carnage.

Ces principes sont la souveraineté populaire : ils ont enfanté des maux infinis, encore qu'ils soient faux et erronés. Car, comme je l'ai dit plus haut, dans un Etat constitué l'homme naît soumis à toutes les conditions de cet État, à toutes les lois qui régissent la société où il voit la lumière pour la première fois ; il est *enfant* de *l'ordre* établi, et doit remplir les devoirs d'obéissance et de soumission qui forment *l'essence* de tout pouvoir humain; voilà les principes que la raison universelle avoue: si cette base sacrée est renversée, il n'y a plus que le droit du lion sur la terre, et chacun pourra changer le gouvernement existant, dès qu'il le voudra. Non, il n'est point permis de changer la forme du gouvernement sous lequel nous naissons. L'autorité a un droit que la nature de la société lui transmet sans condition aucune, et ce droit s'exerce sur tous les membres de la famille de l'Etat; or, les anarchistes français, désignés sous tant de noms divers, comme on sait, en créant le peuple souverain, ont poussé du fond de leurs clubs, à travers l'Europe, un incendie capable de réduire en cendres les trônes les plus affermis et les plus vénérés: ils ont surtout proclamé la communauté de la propriété, et dès lors les Souverains, aussi bien que les possesseurs territoriaux, ont dû s'élever, comme un seul homme, et refouler au cœur de la France ces novateurs sanguinaires et insensés: on vit alors tous les arsenaux de l'Europe s'ouvrir inopinément, et lancer leurs canons contre un pays qui allait réduire en cendres toutes les contrées européennes. La paix ne peut régner qu'à ce prix. L'Europe a dû creuser autour de la France des lignes assez profondes pour y ensevelir tous les Vandales des temps actuels, que l'enfer vomissait du fond de ses brûlantes entrailles.

Venez maintenant me dire, aveugles utopistes, criminels régénérateurs, ou mieux, infâmes destructeurs, venez me dire que l'Europe vous abaisse, vous dédaigne et vous persécute! pourquoi nourrissez-vous dans votre terre de France, les ennemis les plus acharnés de l'espèce humaine? Sacrifiez à la raison et aux droits de tous, n'allez pas renverser la base de l'ordre et de la paix chez vos paisibles et heureux voisins; respectez les lois fondamentales de la Société, régnez chez vous selon vos lois et vos institutions; mais ne portez pas vos injustes mains sur le patrimoine de vos frères, sinon votre main sera brûlée.

La seconde cause de la décadence de la France est l'oppression du clergé, ce sont les entraves que le gouvernement oppose à l'exercice de leur divin ministère. Ne l'oubliez pas, vous qui tenez en mains les destinées des peuples, quand vous opprimez l'Eglise, quand vous n'honorez pas ses ministres dans les proportions prescrites par son rang, vous tournez le poignard contre l'État et contre vous-même. Cette vérité a tellement été comprise par les gouvernements hérétiques et schismatiques, qu'ils ont assimilé le clergé aux premiers dignitaires de l'Etat, et qu'ils ont déclaré leurs Églises, Églises nationales; il n'y a que certains gouvernements catholiques qui placent l'Eglise en dehors du droit commun, et en quelque manière au ban de l'Europe. Quand je dis que l'Eglise est opprimée en France, je me réserve d'expliquer bientôt ce que j'entends par cette oppression. Que l'on sache donc bien que lorsque les ministres sacrés sont honorés par le gouvernement, le gouvernement recueille à son tour les fruits les plus abondants de respect et d'obéissance: car toute la doctrine de Christ consiste ici à rendre à Dieu ce qui est à Dieu, et à César ce qui est à César. Voilà ce qu'annoncent les ministres de Dieu, et cette parole a d'autant plus d'efficacité, qu'elle peut se faire entendre avec liberté et protection. C'est ainsi que l'on régénère les idées sociales sur le devoir essentiel, comme sur tant d'autres que l'on foule aux pieds, de toutes parts.

Ne considérez donc pas les ministres de l'Eglise comme des fonctionnaires de l'Etat;

c'est cependant là la grande plaie de la plupart des gouvernements actuels, surtout de celui de France. On veut nationaliser l'Eglise, et l'on perd ainsi l'Eglise et l'Etat. Car les peuples ne respecteront jamais assez l'Etat, tandis qu'on ne verra, que l'on ne laissera voir dans les ministres de Dieu que des spécialités, en un mot, des fonctionnaires de l'Etat.

Mais écoutez-moi, princes; écoutez-moi, ministres et philosophes régénérateurs : l'Eglise ne dépend pas de l'Etat, parce qu'elle *est l'œuvre de Dieu et non l'œuvre de l'État*; il n'appartient donc pas à l'Etat de la régir. Je ne sais ce qu'on pourrait répondre à cette vérité si incontestable sous tous les rapports. L'Eglise ne s'occupe que des intérêts spirituels des hommes; elle a reçu de Dieu, et non de l'Etat, le droit de les conduire aux pâturages de la vie, et de les retirer des champs de la mort : aucune puissance humaine ne lui enlèvera ce droit; ses enfants mourront pour soutenir ce droit, et déjà ils meurent tous les jours pour le défendre. Non, jamais on n'empêchera l'Église de remplir sa mission divine. Je ne vois donc pas pourquoi on voudrait rendre l'Eglise esclave de l'Etat, puisqu'elle n'est pas l'œuvre de l'Etat, mais de Dieu.

Serait-ce parce que l'Etat jette quelques deniers à ses ministres, pour leur subsistance? Ah! ce n'est pas une charité qu'il exerce, c'est une justice rigoureuse et imprescriptible. Vous lui avez tout ravi dans vos révolutions, spécialement par la révolution de 1788; alors, vous avez dépouillé le clergé avec la violence des bourreaux qui arrachaient au Christ ses vêtements sur la montagne sanglante: en lui offrant quelques deniers, l'Etat n'est donc que juste envers le clergé; il solde la dette de la rapine et de l'usurpation. Les possessions du clergé étaient le fruit de la frugalité, de pieuses et libres donations, des témoignages réfléchis de la reconnaissance. Ainsi, l'Etat n'exerce aucun acte de bienfaisance envers le clergé, quand il se souvient de lui: le gouvernement est donc vexatoire et injuste, quand il mesure sa justice sur ses préventions contre les ministres du sanctuaire: car ces vexations abaissent le clergé aux yeux du peuple, et, par un juste retour, le peuple méprise le gouvernement. L'histoire quotidienne en est un témoin irréfragable.

Honorez donc, dirons-nous aux gouvernements, honorez la religion ; respectez-la dans ses ministres, et les ministres graveront plus facilement dans le cœur des enfants de l'Etat, le respect pour les rois, pour le gouvernement, quelle qu'en soit la forme, pour les dépositaires de l'autorité suprême ; ainsi ils persuaderont plus facilement aux peuples que tout pouvoir vient de Dieu, et que l'on résiste à Dieu quand on s'élève contre le pouvoir ; ainsi ils éclaireront les intelligences dégradées et faussées, dont le nombre est aujourd'hui au-dessus des grains du rivage de la mer ; ainsi disparaîtront insensiblement les principes subversifs de tout ordre, qui agitent sans cesse les masses populaires de tous les pays, et spécialement de la France.

CHAPITRE XIV.

LES principes d'anarchie et de nivellement universel, aussi bien que le mépris versé sans mesure sur l'Eglise, trouvent dans la liberté de la presse un moyen prodigieux de propagation qui couvre le globe tout entier. Il est impossible de peindre par la parole les ravages de la presse quotidienne : c'est ici que la langue est véritablement un feu, *lingua ignis*. Voyez-le, ce feu, embraser et calciner toutes les masses populaires, pousser les générations présentes à la révolte, au mépris de toute autorité divine et humaine. Les hameaux, comme les villes, ne retentissent que de ces mots : *politique ! liberté ! égalité !* Le vieux diplomate, dont les cheveux blancs attestent l'expérience et la sagesse gouvernementale, est étonné de voir développer avec hardiesse de nouvelles réformes, enfantées par le fils du village, qui ne connaît encore que le district de la maison paternelle, ou les avenues et les salles de son collége. Toutes les formes de gouvernement existent dans sa brûlante tête, devenue le laboratoire de tous les genres de liberté. Il est haut, il est transcendant; ses conceptions sont la panacée universelle. Qui a ravagé cette jeune intelligence? Ce sont les homicides auteurs de ces feuilles volantes, qui passent chaque jour sur nos têtes, comme des nuages chargés de grêle et de foudre. Les mains âpres du laboureur s'ouvrent aussi pour saisir une de ces feuilles qui promettent le bonheur; il lit: soudain les anciennes et nobles idées qui ont fait la félicité de ses aïeux, se confondent d'abord, et font place à des rêves insensés qui l'agitent et anéantissent sa foi et son repos.

Je ne parle pas des fashionables qui, pour avancer dans la carrière de l'anarchie, savent ourdir des complots et des conjurations, aussi bien que préparer des mousquets pour le jour de la liberté universelle: car la jeune société couvre d'écume le frein de l'autorité civile et religieuse. A qui la société est-elle redevable de tant de maux qui vont toujours croissants? A la liberté excessive de la presse, au dévergondage de ces publications quotidiennes, qui ont tellement perverti les intelligences, que je ne vois plus de remède capable de les guérir! C'est ici que j'appelle tous les auteurs, les défenseurs de la liberté de la presse, pour leur dire, dans l'amertume de mon cœur : Vous n'aurez jamais assez de larmes ni assez de voix pour déplorer tous les maux que vous avez causés à la société par tous vos criminels discours sur la presse; vous avez allumé un incendie qui ne s'éteindra jamais!

Ne venez pas me dire que la liberté de la presse a son utilité, qu'elle éclaire le gouvernement. Insensés! vous ne voyez donc pas que tous les principes d'ordre, de subordination, sont anéantis! vous ne voyez donc pas que le monde moral et intellectuel se brise de toutes parts. Quoi! vous ne comprenez pas que nous devenons Vandales, et que l'on peut dire avec vérité et douleur : *la société s'en va;* comme le dernier romain s'écriait, *ruit libertas*. Ah! vous devriez aussi demander pardon à Dieu et aux hommes, criminels utopistes, sanguinaires destructeurs, comme le fit naguère un célèbre politique, qui a englouti son immense fortune sous les pavés de Paris, sans autre résultat que de couvrir la France de honte et d'ignominie aux yeux de tout l'univers. Les gouvernements se lèvent contre ce torrent; puissent-ils en dessécher la source jusqu'à la dernière goutte! Le peuple lui-même en goûtera les premiers fruits; au lieu de se consumer en vains projets pour conquérir une liberté, une égalité impossibles, il goûtera en paix les douceurs de la sagesse, et verra ses sueurs féconder les éléments toujours croissants de son bonheur. Il devrait comprendre enfin, ce peuple, que les prétendus apôtres de la liberté ne font que le flatter, en lui présentant cet appât fallacieux; et ne cherchent qu'à le tromper, à le pousser au renversement de tout gouvernement, afin de régner eux-mêmes: témoin la comédie de quinze ans. Mais le peuple sera toujours la dupe des promesses mensongères qu'on lui fait. La devise spéciale et caractéristique du dix-neuvième siècle, celle qui envahit toutes les têtes, depuis les sommités sociales jusqu'au plus obscur agent de village, est celle-ci: *Au nom de l'argent, ôte-toi de là que je m'y mette.*

CHAPITRE XV.

La troisième cause de la décadence morale et politique de la France, est la faiblesse des cours de justice et des tribunaux judiciaires. Ne dédaignez pas de m'entendre, illustre Pasquier, vous qui êtes destiné à juger les régicides; vous savez que depuis quinze cents ans, jamais la monarchie française n'a vu autant de prodiges de scélératesse qu'on en voit depuis dix ans. A qui la faute? Je ne sais. Tout ce que je puis dire, c'est que vos jurés, vos *atténuantes* surtout, arment les sicaires, les autorisent, les multiplient tous les jours. Et vous, mémorable Dupin aîné, second Pilate, vous l'êtes, puisque dans un écrit infâme vous avez jugé comme lui, vous avez approuvé l'arrêt que cet homme exécrable, sur qui pèsent dix-huit siècles d'horreur, a rendu contre la Justice même, descendue du ciel pour éclairer les hommes. Venez, Dupin, écoutez-moi; vous, M. Hébert, prenez place à mes côtés. Vous avez dit, il y a peu de temps, dans la cour de justice, appelée Luxembourg: « Je le dis à la face du pays et en toute sécurité de conscience, jamais le pays n'eut plus besoin de la vigilance et de la fermeté de ses magistrats. » Vous reconnaissez donc que la France descend dans l'abîme? à qui la faute? A tous ces magistrats qui, engoués d'une fatale popularité, interprêtent sans mesure les lois de la justice, et en relâchent toujours les ressorts en faveur du coupable. Ecoutez les paroles du plus doux et du plus aimable des hommes: « Il y a une grande différence, dit saint François de Sales, entre la justice et la judicature. » Une des causes qui laisse rarement parvenir la justice à sa fin, est sans doute cette multitude de lois dont la magistrature est accablée. Je ne puis me résigner à croire qu'il faille tant de lois pour gouverner les hommes. Au milieu de ce dédale de lois, il est évident que la justice se perd et disparaît: c'est la pensée du saint dont je parle;

il était homme de loi lui-même ; il est donc dans son droit quand il parle ainsi ; il ajoute : « Comme cet ancien empereur disait que la quantité des médecines le fesait mourir, on peut dire que la multitude des lois et des formalités suffoque la justice, et que ceux qui s'y engagent sont comme le ver à soie qui se file un tombeau. [1] »

Que dirai-je de l'institution des jurés ? Je dirai brièvement, que souvent les jurés joignent l'incapacité la plus absolue aux distractions les plus funestes ; je dirai que les jurés jugent *par hasard* ; c'est là une monstruosité inouïe, c'est se jouer cruellement des accusés, c'est la plus noire des injustices, c'est immoler le pays tout entier.

Illustre chancelier, dites-moi, et vos *atténuantes ?* elles sont la pierre angulaire où viennent se briser l'ordre, la justice, et la moralité de la France. Mais répondez, enfants de Thémis, qui êtes ici avec moi, car je ne puis me faire entendre à tous vos confrères ; dites-moi : ou l'accusé est convaincu, ou non ; dans le premier cas, où puisez-vous vos *atténuantes ?* dans le second, que ne le renvoyez-vous

1 Esprit, chap. XIV.

absous? Pour moi, je ne connais pas de réponse à ce raisonnement, malgré tout ce que j'ai entendu sur cette question, plus sociale qu'on ne le pense. La seule que j'entrevoie, est que vous briguez la popularité, ou bien vous êtes l'acolyte du renégat Lamartine, illustre colonne de la société morale, c'est-à-dire de la société la plus ennemie du bien public ; Lamartine, vil déserteur de la foi, orgueilleux prosateur, méprisable courtisan, voilà ses titres à la morale civile et religieuse.

Mais vous, célèbres magistrats, entendez-le : il résulte de cette invention moderne des *atténuantes*, que vous plongez la société dans la confusion et le désordre ; dès l'instant où vos arrêts atténuent les châtiments, ils créent mille nouveaux criminels, et vos prisons (vous le savez) se remplissent tous les jours avec une effrayante rapidité ! Brisez donc ces funestes *atténuantes*. Sachez qu'en vous repose le bonheur de la société; vous êtes les vengeurs de l'ordre et des lois; soyez donc fidèles à votre vocation, et vous mériterez les hommages des peuples reconnaissants; les âges futurs vous béniront d'avoir sauvé la génération actuelle du naufrage le plus imminent et le plus inévitable; vous êtes enfin les images de Dieu lui-même, qui doit cependant un jour vous juger, vous et vos arrêts.

CHAPITRE XVI.

J'AJOUTE une dernière cause, pour établir, selon moi, comment la France n'est plus ce qu'elle était naguère, et cette cause n'a pas moins influé sur son abaissement que celle que je viens de développer. Cette cause est la volonté, le désir insatiable et inébranlable du chef de l'Etat, d'asseoir à jamais sa famille sur le trône des anciens Bourbons, ses parents. Dans cette pensée, il fléchit devant tous les obstacles que l'étranger lui oppose : il mendie la faveur des Souverains, il fait toutes les concessions qu'ils lui demandent ; il environne son trône de toutes les ambitions qui ont soif de l'argent, et qui par leurs prestiges populaires exercent la plus grande influence sur la nation; il s'attache aux cours étrangères par les promesses les plus serviles : elles commandent, il obéit; il se fourvoie secrètement dans les dynasties allemandes; il se congratule de ses alliances avec les petites souverainetés, en attendant qu'il puisse pénétrer jusqu'au palais de Schœnbrunn. Je suis convaincu que le chef de l'Etat voit plus clairement que tout autre, que la France dépérit et tombe, mais il se montre père et prince d'Orléans avant de prouver qu'il est roi des Français.

Il promet au-dehors tout ce qu'on lui demande, et au-dedans il achète, avec le budget, tous les hommes dont il a besoin; il place à la tête du gouvernement non pas les capacités les plus élevées, mais les plus populaires, les plus malléables et les plus faciles à tromper le peuple. Il n'est pas douteux qu'il a approfondi les nains de son gouvernement, les Thiers, les Guizot et autres, qui seront toujours la honte de la France, puisqu'elle se brise entre leurs mains; il sait que leurs débiles mains pourraient à peine soutenir la quenouille de l'ouvrière, loin d'avoir assez de force pour défendre le sceptre qui commande au royaume de Louis XIV. C'est pour lui une nécessité indispensable de les retenir : il doit placer à côté de son trône ces vils prestigiateurs ; ils ont puissamment aidé le fidèle serviteur des puissances étrangères à élever le mur d'airain qui cerne la capitale de la France ; là est le tombeau éternel de toutes les révolutions, le piédestal d'une alliance inaltérable, la pierre inébranlable qui consolide à jamais la nouvelle dynastie des Bourbons, à moins que la Providence ne détrompe la prévoyance des hommes : c'est contre ce mur que désormais iront se briser toutes les tentatives de la propagande révolutionnaire. Dès l'instant donc où la dernière pierre de ces forts sera placée, l'Europe devra poser les armes ; alors commencera le règne de la paix éternelle.

Reste maintenant à considérer la France sous le point de vue religieux.

CHAPITRE XVII.

Si la paix de l'Europe repose sur les forts qui environnent la capitale de la France, la religion, descendue du ciel pour le bonheur des hommes, est constamment soutenue et protégée par le bras du maître de l'univers. Toutes les puissances de l'abîme doivent se briser sans retour contre l'Eglise que Jésus-Christ a fondée de ses mains, et cimentée de son sang divin : la parole de Dieu en est le garant éternel. Sans doute cette barque, si fragile à la simple vûe, toujours livrée à la fureur des flots, doit subir des avaries au milieu de l'océan des passions humaines ; le bélier de l'impiété frappe aujourd'hui sans mesure contre l'édifice sacré de l'Eglise de Christ.

Qui pourrait peindre toute la haine de ses nombreux ennemis? Depuis les sommités sociales jusqu'aux plus obscurs citoyens, tout s'agite, tout se remue pour blesser les enfants de Dieu. Que de mains sacriléges se prennent au grand arbre de l'Eglise, pour le renverser! que d'ouragans se déchaînent à la fois sur cet arbre! avec quelle violence ils le jettent à droite, à gauche, et l'étendent jusqu'à terre. Vains efforts! ses racines descendent jusqu'au centre même de la terre, ses rameaux se redressent, et bientôt ses branches se cachent de nouveau dans les cieux! Quels torrents de blasphèmes sortent des bouches impures de l'athéisme! le sol français en est inondé; le sarcasme sacrilége court sur toutes les lèvres; quel débordement d'infâmes écrits jonche la patrie des Bossuet et des Fénélon, cette belle France, pour laquelle les peuples de l'univers n'avaient pas assez de louanges et de vénération! Les temples de Dieu y sont vides d'adorateurs; des hordes sauvages parcourent les rues de la capitale, en vomissant les obscénités impies que l'enfer laisse échapper de la bouche de ses victimes; des ministres brisent eux-mêmes le joug du Seigneur; l'université, qui devrait se porter la première sur les remparts de la vérité, ne sait jamais foudroyer ni l'erreur, ni l'immoralité ; elle est devenue elle-même l'ennemie déclarée des mœurs et de l'ordre public : elle laisse les générations naissantes arborer l'étendard de l'irréligion, et prépare ainsi des maux infinis à cette triste France, qui ne se reconnaît plus ; elle lève la main, cette Université exclusive, elle lève la main sur les pontifes du Christ, ces immortelles colonnes de la foi, de la morale et de l'ordre !

On peut dire que la Religion, cruellement pressée dans les serres de l'impiété, reçoit tous les jours de nouvelles blessures : son divin Conducteur les cicatrise ces blessures, mais elles arrachent des larmes de sang à la grande famille du Calvaire. Entendez les mémorables paroles d'un célèbre orateur, prononcées naguère dans l'enceinte auguste du Luxembourg ; elles ont une immense portée : « Il y a, dit-il, dans le pays, une masse *nombreuse* d'hommes qui ne croient à rien, qui ne respectent rien ; et comment respecterait-on quelque chose, lorsqu'on témoigne si peu de respect pour Dieu lui-même, lorsque la religion chrétienne est si peu pratiquée ! comment s'étonner d'un pareil état de choses, lorsqu'on voit les dépositaires passagers du pouvoir, montrer eux-mêmes tant d'indifférence religieuse ; quand on voit un ministre de l'intérieur publier une Circulaire contre l'observation du dimanche ; quand on voit un ministre de l'instruction publique défendre avec tant d'acharnement l'Université contre l'intervention du clergé : alors pourtant, qu'il n'y a pas de question plus vitale à examiner, que celle de savoir si depuis quarante-cinq ans qu'elle a pour mission de diriger les intelligences, l'Université [1] elle-même n'a pas beaucoup contribué à développer dans le pays des prédispositions au désordre et à l'irréligion. [2]

Voilà de tristes et sombres vérités ; c'est la génération naissante, la jeunesse tout entière qui descend avec rapidité dans la route ténébreuse de l'erreur, et ainsi dans les égouts du vice : cette douloureuse assertion est applicable, avec proportion néanmoins, à la jeunesse de l'Europe actuelle. Je ne puis résister à la pensée de signaler un incident qui s'est passé, il y a deux mois, au milieu de la Constituante de Genève ; elle servira d'épisode à

[1] L'Université fut rétablie par Napoléon en 1808.

[2] Montalembert, débats sur la Réponse au Discours de Louis-Philippe.

mes lamentables observations : cette ville vient de prouver qu'il existe aussi des tempêtes dans les verres d'eau. Le professeur De la Rive s'exprime ainsi, sur la question de savoir si l'on doit admettre les femmes dans les séances de l'Assemblée constituante : « L'admission des femmes dans les séances n'est pas dans les mœurs genevoises, et peut amener de fâcheuses préoccupations de la part des orateurs. » En effet leur admission n'a été autorisée qu'à la majorité d'une voix. Oh ! ici la plume me tombe des mains, et je ne sais ce qui est plus indigne, la forte tête d'un tel opinant, ou la dégradation morale de cette ville si fière d'elle-même.[1]

[1] Cette ville doit à Adhémar Fabri, son évêque en 1385, son premier code de liberté et de franchises.

CHAPITRE XVIII.

MAIS ce qui m'occupe spécialement, c'est la France ; elle exerce une si prodigieuse influence sur toutes les autres nations ! Là, je vois s'élever à la fois les nuages les plus sombres et les plus alarmants ; les foudres mêmes de l'enfer sillonnent tout le ciel intellectuel de ce malheureux peuple ; toutes les erreurs y ont élevé un trône à part : on y voit les utopistes *humanitaires*, qui croient à la réalisation du progrès infini, puisé par Lamartine dans Gœthe et Byron ; on y voit *l'ecclectisme* de Cousin, la *fatalité* de Jouffroy, la *confusion* du Créateur et de la créature proclamée par Damiron ; la *variabilité* de la Divinité pour chaque peuple, rêvée par Michelet ; le *ratio-*

nalisme et le *panthéisme* de Lerminier, la nouvelle *tour de Babel* de Guizot; Leroux, premier champion du *progrès religieux infini;* enfin, Fourrier et Lamenais. Tous ces insensés utopistes ont promené l'étendard de leurs erreurs, avec l'orgueil et l'impudence la plus effrayante pour la génération future; mille intelligences novices dans la perversité des hommes, sacrifient tous les jours sur l'autel de l'erreur et de la mort intellectuelle.

Je ne puis remuer la lie infecte des romans où nagent tant de cœurs infâmes et couverts de honteuses lèpres. La jeunesse et le sexe boivent dans cette lie, elle pénètre leur âme; cette lie coule sur leur figure et les prostitue sans retour. Honte et malheur à ces cruels écrivains qui sèment dans la corruption et la mort, et dégradent sans mesure l'humanité tout entière! ils assimilent les nobles affection de l'homme aux brutalités de la bête, dont ils envient les turpitudes et les convoitises. Jetons, jetons le voile sur tant de honteuses calamités, dont notre siècle de *lumières* a le front souillé. Cherchons les remèdes qui peuvent fermer ces plaies, aussi profondes que lamentables.

Ne vous irritez pas, princes de la terre, prétendus régénerateurs, sages du siècle, ne vous irritez pas; j'ai à dévoiler une vérité éternelle, qui seule peut renouveler la société européenne; soyez donc calmes et sans prévention; déroulez l'histoire de dix-huit siècles et demi, et vous serez convaincus, comme moi, de ce que je vais vous annoncer. Le puissant et unique moyen de régénération que je vous propose, ce sont les assemblées des premiers dépositaires du catholicisme: ne vous emportez point, mais écoutez-moi attentivement. Je vous l'ai dit, l'Eglise est le domaine de Dieu, elle est son œuvre, indépendante des hommes; son règne est spirituel, pur de toute cupidité: or, cette Eglise, seule au-dessus des faiblesses humaines, possède tous les éléments nécessaires pour régénérer la société. Dites-moi, n'est-ce pas l'Eglise qui a émancipé l'univers? la doctrine évangélique n'a-t-elle pas brisé les chaînes de l'esclavage, anéanti la barbarie, réhabilité l'humanité tout entière, rompu les entraves qui divisaient la grande famille humaine? N'a-t-elle pas consacré ce principe divin, seule puissance de civilisation, *il y a un Père commun de tous?* Ces faits sont écrits sur toutes les pierres du globe: or, cette doctrine qui fait avancer l'homme de perfection en perfection, parce qu'elle est divine et conséquemment illimitée, comment se propage-t-elle? comment peut-elle régénérer l'homme? Par le ministère des premiers pasteurs, qui en rendent l'émission d'autant plus rapide, qu'il leur est permis de se concerter plus souvent, et de régulariser les moyens de sa propagation.

Pourquoi donc refouler les premiers ministres de l'Eglise dans le fond de leur demeure, où ils sont constamment retenus captifs? pourquoi ne pas leur laisser la liberté de se réunir, pour prescrire ensuite avec plus de succès les moyens de faire triompher la doctrine régénératrice? puisque la loi du Christ a seule jusqu'ici civilisé l'univers, et qu'elle peut seule encore le retirer de l'abîme où l'ont jeté les faux docteurs du genre humain; pourquoi enlevez-vous aux pontifes de l'Eglise le droit sacré et naturel de se réunir en conciles nationaux et provinciaux? Sachez-le bien, puissances humaines, quelque part que vous soyez, sous quelque forme que vous gouverniez, ce n'est que de ces assemblées que sortiront les principes régénérateurs des sociétés.

Les pontifes ainsi réunis s'éclairent mutuellement, s'encouragent, rassurent les peuples sur les dangers de la foi, proposent les moyens de régénération sociale, consolident les gouvernements temporels, et annoncent aux nations que toute autorité doit être respectée dans son chef, dans ses membres, et dans ses dernières ramifications. Là on sonde plus facilement les plaies nationales, on découvre plus aisément les ressources de guérison, parce que Dieu préside les augustes assemblées et éclaire les desseins de ses ministres. Ne craignez point que votre pouvoir temporel y soit convoité, non jamais ; il vous sera libre d'ailleurs d'en examiner les principes et les résultats.

Dans votre injuste et sombre méfiance, ou plutôt dans votre orgueil dominateur, que faites-vous? Vous confinez dans leur habitation les sentinelles d'Israël, les propagateurs de la saine doctrine; vous les regardez comme des fonctionnaires de l'Etat, vous nationalisez l'Eglise qui ne vous appartient pas; vous défendez aux évêques de se réunir, c'est-à-dire d'annoncer plus efficacement la saine doctrine ; et ainsi, pour le malheur des peuples et pour le vôtre, vous éteignez la lumière qui doit vous éclairer et vous diriger dans la route de la véritable vie, vous neutralisez leur salutaire influence ; ainsi vous anéantissez votre pouvoir et le leur, vous multipliez les crimes et les crimes les plus inouis, vous ajoutez de nouveaux anneaux à la chaîne des coupables, et vous jetez enfin la société dans l'abîme de tous les maux.

Hélas! où allons-nous? nous rétrogradons vers les temps de barbarie; la vertu est bannie de la terre; des forfaits inconnus à nos pères se commettent au grand jour et avec une effronterie toujours croissante. Je ne veux pas souiller ces pages de hideux récits: on connaît les derniers scandales qui ont retenti dans les tribunaux de Tulle et ailleurs; je ne citerai pas l'horrible spectacle des deux frères qui insultaient à la douloureuse agonie de leur père; toutes les pages de l'histoire contemporaine sont surchargées de crimes produits par le sublime de l'horreur et du dévergondage le plus infect. Les peuples sont donc profondément dégradés; ils ont bu jusqu'à la lie de tous les genres de crimes possibles. Voulez-vous renouveler la société? voulez-vous la régénérer? ah! laissez couler sur la génération naissante les flots de lumière qui jaillissent des entrailles de la religion; laissez aux pontifes réunis le soin, imposé par le Ciel même, de renouveler l'univers, et les peuples seront à jamais heureux!

En effet, les pontifes de l'Europe brillent aujourd'hui d'un éclat plus vif que jamais; l'Episcopat s'élève par tous les genres d'héroïsme. On connaît la science et les vertus des pontifes anglais, dignes d'être à la tête de l'immortel clergé d'Irlande. Qui pourrait passer sous silence les Céphas et les Paul de la France? « Cette France, s'écrie l'archevêque d'Edesse,[1] où se renouvellent toutes les antiques vertus du sacerdoce chrétien, et d'où nous viennent les abondantes largesses qui soutiennent en grande partie nos missions; c'est de là que sortent ces nombreuses et intrépides cohortes de propagateurs de l'Evangile, qui s'élancent avec une incroyable ardeur dans les contrées les plus inhospitalières et les plus reculées de l'Asie et de l'Océanie: voilà comment se fait la régénération de l'homme.

[1] Discours lu à l'Académie de la Religion, à Rome.

CHAPITRE XIX.

LE second moyen de régénération sociale que je propose à l'impartialité des hommes qui aiment le bonheur de leurs semblables, est l'enseignement religieux, ou au moins la liberté de cet enseignement, selon toute la teneur de la charte constitutionnelle. La jeunesse s'élance, rapide comme l'aigle, dans les régions sociales, se dissémine dans les diverses sphères des dignités et des fonctions gouvernementales, imbue des principes qu'elle reçoit dans son éducation. O université, ô ministres, ô gouvernement, vous répondrez de tous les maux qui inondent le pays, si vous ne donnez pas à la jeunesse une direction morale et religieuse! Jetez vos regards sur les maîtres de l'éducation et de la science : ce sont eux qui agrandissent et abaissent la France. Depuis la grave férule du professeur des hautes sciences, jusqu'au code disciplinaire du maître de village, tout doit se mouvoir par votre religieuse influence. Malheur à vous, malheur à la France, si vous protégez l'irréligion et l'erreur! Dites-moi, forme-t-on dans votre université, dans vos établissements royaux, y forme-t-on des hommes dévoués, des citoyens trempés dans les eaux régénératrices de la religion, de la morale et du patriotisme? L'ombre de votre sceptre y éteint la vertu et la religion de vos pères. Qui ne voit que cette jeunesse grandit sans principes religieux et sans vénération pour l'autorité? De là les affreux débordements d'un déluge de malheurs, qui effacera du sol français jusqu'au nom de Dieu même, à moins qu'une main divine ne vienne cicatriser cette plaie nationale, qu'a ouverte la hache des révolutions et de l'impiété.

Mais, dites-moi, pourquoi, à côté de vos écoles d'indifférence et d'athéisme (vous savez que vos lois sont athées), ne laisseriez-vous pas enseigner le catholicisme? pourquoi les évêques ne pourraient-ils pas élever ceux qui veulent leur donner leur confiance, et se nourrir, dans les petits séminaires, des principes de la foi chrétienne, de l'honneur national, et de toutes les vertus qui doivent briller dans un véritable citoyen? Quel mal sont-elles en état de faire, ces maisons épiscopales où l'on enseigne à aimer Dieu souverainement, et ses frères comme soi-même? pourquoi ne pas tolérer la liberté de l'enseignement religieux, puisque ce n'est qu'en régénérant l'enfance et la jeunesse que l'on peut préserver la France des nombreux naufrages où elle se jette avec tant de rapidité? Que veut le clergé par l'instruction religieuse? Il veut que les enfants honorent les auteurs de leurs jours; qu'ils tendent une main charitable à tous les malheureux; qu'ils versent tout le sang de leurs veines pour défendre la patrie; que les dignités où leurs talents les appellent, soient le plus puissant moyen de répandre le bonheur dans la société qui les entoure; qu'ils doivent rendre à Dieu le culte qui lui est dû, et à César ce qui appartient à César. Voilà, indignes régénérateurs, orgueilleux précepteurs de la

France, voilà l'enseignement que donne le catholicisme! Et voyez si vos leçons lui ressemblent! Et vous osez refuser au clergé une telle mission! et vous lui ravissez le droit de faire germer dans le cœur de la jeunesse de si nobles, de si brillantes vertus! La France a été grande et fière pendant quinze siècles, et c'est la religion qui a nourri les sentiments de sa grandeur: la sève qu'elle communique, fait les grandes nations, parce que cette sève descend du ciel et s'y renouvelle sans cesse.

Oui, l'enseignement religieux, l'enseignement par le catholicisme est le grand, et je dirai l'unique remède à tant de maux; il est le moyen infaillible de régénérer la société mourante. Mais qui déchirera le voile des préjugés? qui brisera le masque d'airain qui ne laisse voir que des fantômes quand on parle, à certains régénérateurs, de religion et de vertu, et les empêche d'apercevoir tous les bienfaits sociaux d'un enseignement dirigé par le catholicisme? Comparez la jeunesse qui sort de vos maisons profanes avec celle qui s'élève dans ces retraites de science et de vertu où règne le Christ. Insensés! vous avez éloigné de votre patrie les enfants de la lumière et du dévouement; les hommes incomparables, ces Jésuites, les plus habiles maîtres de l'univers; ces ministres intrépides qui se placent toujours en tête de la milice sacrée, à qui il a été donné de vaincre l'enfer et les nombreux émissaires de l'impiété. O destructeurs de la France, entendez mes dernières paroles: *la société s'en va;* je le dis, je le vois. Dieu seul peut renouveler encore la face du monde; pour vous, voici votre langage : « Debout sur le monde, vous vous écriez : Oui, la voilà cette terre où nous régnerons seuls, dès que nous aurons vaincu le Messie. Que la mort voyage d'étoile en étoile; que la nature entière ne soit plus que la tombe de tous ses enfants. Seuls et triomphants, nous nous asseyerons sur cette tombe; notre regard en mesurera la profondeur avec le rire indicible de la vengeance satisfaite, et nos mains sèmeront la cendre des morts et la poussière des mondes à travers les plaines de l'infini! ..... S'il plaisait à Jéhova de reconstruire ces mondes et de les peupler de créatures nouvelles, nous reporterions de nouveau de monde en monde le *péché* et la *damnation.*

Adramelechs, voilà ce que vous pouvez, et si vous réussissiez enfin à inventer un trépas pour les immortels!.... Jésus depuis Adam est le plus grand des prophètes, et il est le Messie! Hé bien! que sa défaite nous rende dignes de régner seuls sur tous les esprits! »

[1] Klopstock, ch. II.

FIN DE LA PREMIÈRE PARTIE.

Seconde Partie.

CONSIDÉRATIONS

SUR LE

PAUPÉRISME ET L'ÉMEUTE.

CHAPITRE PRÉLIMINAIRE.

PANEM *et cirsenses* (du pain et des plaisirs), voilà le cri de la société actuelle! voilà le langage qui retentit aujourd'hui de toutes parts ! La génération qui naît, comme la génération qui tombe, ne connaissent plus d'autre loi que le sensualisme. Jamais l'Europe n'a été travaillée de tant de maux à la fois. Les principes anarchiques de la philosophie du siècle dernier, les guerres de l'Empire, le machiavélisme actuel, ont tellement agité, remué et fasciné les intelligences, que les bases de l'ordre politique et moral ont été, chez tous les peuples, brutalement déplacées et brisées.

La religion, seule capable de renouveler le monde, a été cruellement rejetée, comme une institution désormais inutile : on lui permet à peine de faire entendre sa voix mourante; un chaos infini se creuse chaque jour entre elle et le pouvoir temporel ; bientôt elle se verra forcée de se cacher dans la profondeur des catacombes, comme aux premiers siècles de son existence.

Je ne sais s'il sera donné aux niveleurs de prévaloir encore longtemps, mais on ne peut douter que la profession solennelle du néant, qui est dans toutes les bouches, ne découvre un triste et lamentable avenir ; mais le dédain universel pour toute autorité; mais ces brandons incendiaires qu'on allume dans des souterrains de sang et de mort ; mais ces orgies de débauches où tant d'Alibaud se plongent chaque jour, et où l'on décrète le nivellement européen ; mais cette promiscuité des cultes et des rêveries les plus insensées, mise en parallèle avec la vraie foi ; mais cet enseignement athée qui tombe du haut de la chaire professorale, prouvent avec évidence que tous les liens de la société sont brisés, et que le monde va se dissoudre et se perdre sans retour.

Qu'on jette les yeux sur l'Europe : est-il une contrée qui ne soit en ébullition ? est-il un pays où l'égalité la plus absolue ne se proclame pas ? est-il même une chaumière où l'on ne discute les grands intérêts d'une nation ? est-il enfin une intelligence, si jeune qu'on la suppose, qui ne trace pas avec assurance les plans les plus gigantesques de gouvernement et de la plus haute administration ?

Tous ces phénomènes, jusqu'ici inconnus, sont fastueusement appelés *progrès du siècle des lumières*. Ah ! que ceux qui s'en applaudissent sachent enfin que si l'esprit est éclairé sous quelques points de vue, il est d'ailleurs plongé dans le plus fatal aveuglement sur tous les devoirs sociaux et individuels. La nue a lancé des éclairs, il est vrai, mais la foudre a éclaté en même temps ; elle a fasciné les intelligences, calciné les cœurs, et bientôt il ne restera plus qu'une infecte fumée. Les devoirs sont universellement méconnus, et l'on n'adore plus que le veau d'or et la prostituée de Babylone.

Du pain et des plaisirs ! s'écriaient les Romains, abrutis et corrompus. *Du pain et des plaisirs !* s'écrie la génération du dix-neuvième siècle.

Qui pourra satisfaire cette soif brûlante qui dessèche tous les cœurs ? qui pourra calmer ces masses nombreuses d'hommes, dont toute la doctrine et toutes les jouissances vont se perdre dans le sensualisme ? quel bras assez puissant replacera la société dans son état normal et primitif ? qui ? Je ne sais. J'appelle à cet immense travail tous les hommes qui aiment véritablement cette société, et qui gémissent de la voir si tôt périr.

Venez donc ! hâtez-vous ! car elle s'en va, elle tombe dans le marasme et la barbarie : tous les goûts sont rassasiés, il n'y a plus que des plaisirs inconnus qui puissent réveiller sa sensibilité !

Si tous les hommes de courage se lèvent à la fois, si les gouvernements, si les riches, si les sages qui sont encore parmi nous, veulent travailler avec ardeur à ce grand ouvrage, peut-être leur sera-t-il donné de renouveler le monde ; et c'est dans cet espoir que marchant après les autres, j'ai jeté sur ce livre mes pensées de régénération sociale ; j'ai cru que cette régénération si désirée et si nécessaire, était l'œuvre de la religion et du travail : car les deux fléaux qui pèsent sur le siècle d'un poids immense, et qui menacent de l'engloutir, sont le *paupérisme* et l'*émeute*[1] ; or, le paupérisme disparaîtra, dès qu'on placera le pain dans la main de tous les hommes, et l'émeute trouvera son tombeau dans la religion. Puissent mes paroles ne pas passer inaperçues !

[1] Il n'y a point de ville sans hôpitaux ni potence, parce que l'homme est malheureux et méchant. (BAYLE.)

CHAPITRE Ier.

QUAND j'entre dans les profondeurs de l'humanité, et que, jetant les yeux autour de moi, j'aperçois dans l'homme tant de grandeur mêlée à tant de bassesse, je cherche soudain la cause d'un si indigne mélange. Ma raison, frappée d'étonnement, soupçonne quelque ruine originelle. Je ne puis m'expliquer autrement les deux extrémités des sentiments humains : élévation dans le génie, et proclivité du cœur vers d'humiliantes jouissances, bonheur passager et souffrances habituelles, vicissitudes de joie et de douleur, qui découle de toute puissance intellectuelle. Oui, tout homme calme qui analyse l'humanité, qui étend ses investigations sur tout ce qui l'environne, sera forcé de reconnaître une déchéance primitive, qui a ouvert l'abîme incommensurable où l'espèce humaine s'agite et se perd depuis l'origine du monde. Cette immense conclusion se puise, non-seulement dans la Bible et dans les Codes religieux des nations, mais encore dans la raison et l'intelligence individuelle, dans la force du raisonnement et le corollaire de l'univers.

Je peux interroger les siècles passés, et fortifier mes pensées par le sentiment universel. J'ouvre donc les annales des peuples, aussi bien que les écrits privés; j'entre dans les archives de toutes les nations qui ont meurtri le globe de leurs pieds rapides : cette lecture cosmopolite m'apprend que le chef du genre humain a rompu les liens du bonheur général, et qu'il en a tellement perdu de vue les extrémités, que tous ses enfants sont condamnés à pleurer avec lui un si grand malheur. Entendons l'homme par excellence, le sage qui résume en lui toute la sagesse de l'antiquité païenne, le divin Platon : ses livres sont brillants de témoignages rendus à cette grande vérité : « Autrefois, dit-il, ce qui participe en nous à la nature divine avait, pendant un temps, conservé toute sa vigueur et sa dignité ; mais l'inclination vicieuse de l'homme mortel a pris enfin le dessus, au grand préjudice du genre humain : de là sont venus tous les maux qui l'ont affligé.[1] » Ecoutez encore Timée de Locres, célèbre pythagoricien : « Nous apportons le vice de notre nature, de nos ancêtres, ce qui fait que nous ne pouvons jamais nous défaire de ces mauvaises inclinations qui nous font tomber dans le défaut primitif de nos premiers parents.[2] » Au milieu même des plus monstrueuses erreurs, la foi de la déchéance humaine a toujours été vibrante d'actualité chez tous les peuples de l'univers ; les Grecs, les Egyptiens, les Perses, les Indiens, les Chinois et les Turcs, ont solennellement professé cette doctrine. Cette prodigieuse harmonie de témoignages forme, non moins que la raison, une certitude contre laquelle la folie[3] seule peut jeter les ténébreux nuages de l'incrédulité. Il y a donc une ruine originelle ; oui, elle est, je n'en puis douter. Mais l'homme, ainsi refoulé dans les déserts de la création, assis sur le sable aride pour

[1] Plato, in Critiâ. Argum. p. 106 et 107, ad finem. Dial.
[2] De naturâ mundi. Plat. opera. T. III, p. 103.
[3] Discours de Ramasy sur la Mythologie, 2me partie, p. 88. — Bibliothèque orientale de Herbolot, p. 383. — Marracci, Prodrom. 4me partie.

panser ses blessures, devait-il vivre toujours seul, et murmurer isolément le monologue de ses malheurs? Un homme a dit : Oui. Il assure qu'un contrat fut passé; cet acte fut appelé *Contrat social.* Insensé! né pour le malheur du genre humain; le titre seul de votre livre renferme la plus éclatante contradiction : nous l'allons démontrer.

CHAPITRE II.

LA supposition d'un état sauvage, d'où l'homme se serait arraché pour se constituer en société, est ignominieusement répudiée par la raison et par l'analyse des facultés qui décorent ce chef-d'œuvre de la nature. Eh quoi ! le roi de la création aurait pour palais une hutte infecte ! la beauté de l'univers ne serait pour lui qu'une éclipse éternelle ! ses puissances intellectuelles se borneraient à disputer aux bêtes fauves la prééminence d'un instinct plus fécond et plus varié ! Non, je ne puis croire que l'homme ait erré dans les forêts comme les animaux sauvages ; il est trop sublime pour s'être rassasié de glands, et pour avoir partagé une seule nuit la pelouse du léopard.

Sorti des mains de son Créateur pour vivre en société, le premier mortel groupa autour de lui sa famille naissante. Les patriarches furent essentiellement les premiers princes de la terre; des agglomérations plus nombreuses se formèrent insensiblement, et la chaîne sociale, environnant graduellement les générations nouvelles, s'est ramifiée sur toute la surface du globe. L'anneau initial rentre dans le sein de Dieu, qui est l'unité suprême; et si, dans la marche des temps, quelques enfants se sont détachés de la grande famille humaine, la société n'est pas responsable de ce malheur. Les fils de Cham peuvent se faire entendre du Dieu, dont les regards enflammés dessèchent les mers. Laissez-moi donc conclure que l'homme est né pour la société; laissez-moi dire avec l'immortel peintre de la nature : « L'homme, en tout état et dans toutes les situations, et sous tous les climats, tend également à la société. C'est un effet constant d'une cause nécessaire, puisqu'elle tient à l'essence même de l'espèce. [1] » — « Parmi tant de nations, dit Voltaire, si différentes de nous et si différentes entre elles, on n'a jamais trouvé d'hommes isolés, solitaires, errant à

[1] Buffon, tom. VII, p. 51.

l'aventure, à la manière des animaux. Il faut que la nature humaine ne comporte pas cet état, et que partout l'instinct de l'espèce l'entraîne à la société.[1] » La déchéance et la sociabilité de l'homme démontrées, il importe de soulever l'appareil qui cache les deux plaies les plus profondes de la société actuelle : *le paupérisme* et *l'émeute*, phases de douleur qui ouvrent le plus désastreux avenir.

[1] Pensées de Voltaire, p. 28.

CHAPITRE III.

LE paupérisme est l'état caractéristique de la société actuelle; jamais ce mot n'avait paru dans le langage des peuples : il fut spécialement réservé à ces derniers temps de le tirer du néant. Le paupérisme! Savez-vous bien ce que vous dites, quand vous articulez ce mot? Qui peut le définir? qui connaît bien sa juste valeur? Le paupérisme est le puits de l'abîme où s'engouffre la société contemporaine; c'est le Vésuve universel dont la lave débordera bientôt sur la Parthénope européenne. Cet arbre de mort a pris naissance en Angleterre; le semis en a été porté en France par le noir génie de la destruction. Voyez dans Albion ces légions de figures sinistres, dont les traits contractés annoncent la vengeance et le sang : ces hordes nombreuses demandent du pain et du travail, et nul ne donne du pain ni du travail! Aussi voit-on ces indigents, ou plutôt ces spectres ambulants, joncher les rues et les grands chemins, expirer de faim dans les carrefours, et surtout dans les environs des manufactures, antiques ressources contre leur misère et leurs calamités. Vous ne pouvez que frémir d'horreur et de compassion à la vue de tant de victimes, dont le plus grand crime est d'avoir reçu la vie.

Mais que méditent ces nombreuses cohortes de pauvres dont les entrailles sont rongées par le feu de la faim? que veulent ces essaims d'ouvriers sans travail? Ils veulent dépouiller le riche, niveler les fortunes, révolutionner la société; ils veulent changer la face de la terre, lacérer les lambris des hommes qui ne pensent pas assez à l'indigence d'autrui, pour conserver intacte leur fortune personnelle. Non, n'en doutez pas, vous qui laissez tomber vos regards sur ces pages, le paupérisme est la mine souterraine qui lancera dans les airs les fondements de l'édifice social, à moins que les gouvernements, les riches, les hommes de courage et de vertu ne trouvent de suffisantes ressources pour fournir du travail et du pain à l'indigent qui meurt de faim et qui se révolte contre un ordre de choses où il périt au milieu de tant de douleurs. Ces ressources ne consistent pas seulement dans des secours passagers, qui ne guérissent jamais radicalement la plaie, elles doivent se puiser dans le travail, dans la création de nouveaux moyens de salut, appropriés au déluge de maux résultant du paupérisme. Voilà, riches; voilà, hommes de courage et de vertu, comment doit faire long feu cette mine infernale sur laquelle nous marchons tous les jours, sans soupçonner notre inévitable ruine.

Le paupérisme, disions-nous, est né en Angleterre, et ce fleuve délétère pousse ses eaux avec une telle rapidité, que l'Europe en est bientôt toute couverte. Ses ravages sont surtout effrayants dans Albion, en Irlande, à Lyon, et jusque dans la Pensylvanie: c'est dans ces pays que l'on voit le hideux spectacle de ces hordes d'indigents qui brisent dans leur âme le ciel et la terre: l'un ne pleut pas pour eux, et l'autre leur refuse un abri contre les injures du temps.

Sans doute l'indigence n'est pas de récente existence; elle est, je pense, aussi ancienne que le monde : car les infirmités, l'indolence, sont les attributs de l'humanité dégradée par sa déchéance originelle ; mais le paupérisme est de création moderne. Ce fut Henri VIII qui l'enfanta en même temps que le schisme ; ces deux monstrueux fétus furent jetés à la fois sur le sol anglican. Quel effroyable développement ils ont pris l'un et l'autre ! Les monastères, que le marteau destructeur de ce prince brisa avec tant de rapidité, n'eurent plus de pain ni de travail pour les indigents qui les environnaient ; les nouveaux maîtres de ces terres désolées tournèrent la grosse clef sur le pauvre qui gisait à la porte du lord spoliateur ou donataire ; sous prétexte que les couvents entretenaient la mendicité, le roi réformateur donnait les abbayes, les colléges, les couvents, les hôpitaux aux grands de son royaume, qui n'ouvraient jamais la main pour soulager la souffrance, mais employaient leurs immenses revenus à nourrir le luxe, à créer d'originales dépenses.

Ainsi naquit le paupérisme, plaie corrosive, qui s'attache avec tant de force à la société actuelle, qu'il la ronge avec une incroyable activité. Les pauvres sortirent donc de terre, comme les fourmis se répandent au dehors du tronc du vieux chêne; ils s'étendirent avec tant de rapidité dans tout le royaume, que le prince régénérateur fut obligé de créer des secours pour eux spécialement: il employa aussi la barbarie pour en diminuer le nombre: il fesait couper une oreille à tous ceux qui mendiaient [1]. Sous Edouard VI on mettait à mort les mendiants, comme félons. Elisabeth établit enfin la taxe des pauvres en 1601. On assimile les pauvres, en Angleterre, aux mauvais sujets, aux vagabonds; on les condamne à la fustigation et à la détention.

L'indigence ordinaire s'exerce par la charité; celui qui donne jouit du plaisir de soulager son frère; tandis que le riche, taxé pour nourrir les pauvres, se déchire les entrailles au moment où son shelling tombe dans le coffre du receveur public. L'indigent, soulagé par la charité, remercie son bienfaiteur, qui goûte une joie vivement sentie. La taxe du pauvre excite le murmure du riche qui ne se croit pas obligé de donner, provoque le murmure du pauvre qui est persuadé que le secours lui est dû: c'est là que se rencontrent la différence et la ligne de démarcation qui séparent l'indigence du paupérisme.

[1] Traité d'Economie politique chrétienne, par le vicomte Alban.

Ainsi, la société est partagée ; ainsi, la division la plus profonde règne entre les deux classes qui la composent. L'aumône se jette avec rage, et se reçoit avec fureur : il ne reste que peu d'intervalle entre cet état de choses et le duel social. Tel est cependant l'état de la société en Angleterre. Effrayante situation, qui va désoler la France et toute l'Europe si de nouveaux moyens d'existence ne se développent instantanément de toutes parts !

CHAPITRE IV.

Le paupérisme ne devint un fléau alarmant que vers l'année 1750, où l'industrie manufacturière s'éleva à une perfection prodigieuse. Nonobstant les prédictions des économistes, il est incontestable que les procédés qui perfectionnent l'industrie, étendent, avec une incroyable rapidité, la lèpre sociale du paupérisme. La France, entrée plus tard dans la voie du progrès industriel, a ressenti avec moins d'intensité les effets que produit sa marche progressive. Les localités manufacturières, Lyon, Rouen et Lille, commencent à gémir sous le poids du paupérisme, résultat inévitable du perfectionnement de l'industrie manufacturière.

N'allez pas me déclarer ennemi de l'industrie ; car, encore que je la signale comme une des premières causes de l'indigence sociale, je suis loin d'en répudier les avantages. Je démontrerai bientôt comment on doit envisager l'industrie ; mais je dois avouer, comme fait indubitable, que la faim produite par l'industrie est telle, qu'elle ronge les entrailles de la société actuelle, non-seulement en Angleterre et en France [1], mais dans les Etats-Unis d'Amérique. Qui l'eût pensé? qui l'eût dit? L'entendez-vous, sublimes économico-politiques, Adam Schmit, J.-B. Say, Tracy, Malthus, Charles Fourrier? vous aussi, faible Lafayette, dont les cheveux blancs ont balayé la cendre des tombeaux, avant d'avoir réalisé vos éternels projets de félicité humaine?

Voici les ravages du paupérisme dans les Etats de l'Union ; c'est le *Boston Advertiser* qui, à la date de 1832, tient le langage qui suit :

« On ne peut se faire une idée de la rapidité avec laquelle le paupérisme nous envahit, qu'en portant nos regards sur le passé.

[1] Le seizième de la population française est dans l'indigence. Chaque année on compte trente-deux mille enfants abandonnés. On sait que la population du royaume est de trente-trois millions.

Alors on a la mesure des progrès que fait chaque jour ce fléau ; alors on reconnaît l'inefficacité de toutes les mesures adoptées jusqu'ici pour l'arrêter dans sa marche. A Massachussetts, le nombre des pauvres était, en 1821, de 1/34 sur 100 habitants. Onze ans après, en 1832, le chiffre avait presque doublé. A Boston, le nombre des pauvres était, en 1819, de 395, aujourd'hui il dépasse 800. A New-York, la taxe des pauvres a triplé à peu près, de 1815 à 1831. La Pensylvanie a donné des résultats non moins remarquables : en 1820, on comptait dans cette partie des Etats-Unis un pauvre sur 40 habitants, et la taxe des pauvres a quintuplé de 1820 à 1832. »

De cette histoire originelle du paupérisme, il résulte que cette lèpre s'étend avec une effrayante rapidité sur l'Europe et le nouveau-monde, dont elle dévore déjà la moitié du sol ! Les nations où l'industrie se perfectionne avec plus de vélocité, sont celles qui gémissent plus profondément sous le poids des maux qu'elle enfante tous les jours. Les suites inévitables de ce fléau sont le renversement de l'ordre social, et la publication universelle d'une loi agraire, qui doit niveler le sol européen, en appelant au partage tous les hommes que la faim aura disséminés dans les campagnes.

Mais l'industrie serait-elle donc une des premières causes du paupérisme? Oui, je n'hésite pas à le déclarer, car il suffit, pour s'en assurer, de suivre la marche des temps, et d'étudier les événements qui se sont succédés avec tant de rapidité depuis le milieu du siècle dernier. Mais je ne conclus pas, avec Sismondi et quelques autres écrivains, qu'il faille se croiser contre l'industrie, et provoquer sans délai son anéantissement. Oh! non, loin de là : je blâme de toutes mes forces ces hommes timides qui se sont élevés avec tant d'injustice contre les progrès industriels, ne sachant pas qu'ils ravalent ainsi la puissance du génie et de l'esprit humain. L'intelligence de l'homme marche, laissez-la marcher; gardez-vous, insensés, de lui jeter les chaînes de l'esclavage; ne voyez-vous pas qu'elle honore son Dieu, en mettant ses œuvres en lumières, et qu'elle abrége les travaux de l'homme aussi bien que ses peines? travaux souvent homicides et presque toujours périlleux. Arrêter les progrès de l'esprit humain, quand il ouvre à l'homme de nouvelles voies de perfection, c'est méconnaître sa dignité et ses destinées, c'est jeter sur lui le voile de l'ignorance la plus stupide et la plus brutale.

Cependant on a vu des hommes se dire amis de l'humanité, et proclamer hautement le malheur des peuples qui se livrent à l'industrie. Ces aberrations sont véritablement inexplicables; elles prouvent qu'il existe, même dans les société savantes, des esprits à facettes, dont la vue est limitée par un horizon aussi étroit qu'infranchissable.

Comment donc abandonner les rênes au génie industriel, puisque le paupérisme en est le corollaire inévitable? Entendez-le, enfants de l'obscurité: on prévient le paupérisme par une nouvelle direction donnée au travail, par la création de nouveaux moyens d'existence qui suffisent à tous les indigents, qui placent dans la main de tous les pauvres le pain quotidien, sur leurs épaules le vêtement, et sur leurs têtes la tente de repos durant la nuit. Voilà l'ancre du salut social; voilà l'étoile polaire du dix-neuvième siècle; voilà le spécifique suprême qui doit cicatriser la plaie européenne du paupérisme.

La mauvaise direction donnée jusqu'ici au travail, a enfanté les maux qui nous pressent de toutes parts: car, jusqu'au moment actuel, l'homme a *exploité* l'homme; le riche, le puissant, n'a vu dans son inférieur qu'un être qu'il croyait appliquer arbitrairement au travail, comme un instrument aratoire et *industriel*, comme un polype humain, destiné à toutes ses volontés, quelque dures, quelque capricieuses qu'elles soient; il a déchiré ses flancs avec le nerf de la barbarie; voilà l'histoire de l'univers et le témoignage des temps, au moins avant l'établissement du christianisme.

Loin de nous la pensée de chercher à jeter dans le cœur du pauvre et de l'esclave le feu de la révolte; je me garderais bien d'agiter sur leurs têtes l'étendard de la démagogie. Venez, et je ferai voir comment il doit servir Dieu et les hommes; mais je formule cette éternelle vérité, que les procédés des riches, des maîtres, dans les temps primitifs comme au moyen âge, sans en excepter les siècles modernes, ont toujours repoussé le mouvement d'unité sociale que l'homme porte dans son cœur, et qu'il n'est jamais parvenu à réaliser. De là, la guerre incessante de la société: car le manouvrier, ou mieux tout homme forcé, par la bassesse de sa condition, à se livrer au travail manuel, ne s'y est porté qu'avec dégoût, ne cherchant dans son travail que l'occasion et les moyens de tromper son maître et d'éluder sa vigilance. Le maître, de son côté, ne s'est appliqué qu'à diminuer le salaire de l'ouvrier, sans diminuer le travail ; il a cru quelquefois être juste en limitant simultanément l'un et l'autre ; mais ce n'est là encore qu'une erreur, car la subsistance étant aussi nécessaire après la diminution du travail qu'avant, l'irritation a toujours été la même ; et quand on fait un crime à certains indigents de leur désœuvrement, ils s'écrient : Donnez-nous du travail et du pain ! La diminution du travail n'est donc pas le moyen d'enchaîner les progrès du paupérisme ; c'est, au contraire, le propager ; c'est irriter les hommes qui souffrent ; c'est enfanter l'émeute, et par elle briser le vieux sol européen, dont les fissures deviennent tous les jours plus larges et plus profondes.

Il est donc urgent de chercher les moyens les plus puissants pour coordonner la société sous le rapport matériel. Le volcan existe, la lave jaillit, les détonations se font entendre sous vos pieds. La Religion catholique est le premier remède, mais elle ne suffit pas : je veux dire qu'elle prescrit elle-même les res-

sources du salut (car elle est compréhensive de toutes les pensées de bonheur social), et qu'elle veut que tout homme trouve son pain à la sueur de son front.

CHAPITRE V.

IL est nécessaire que la subsistance soit assurée à la classe nombreuse des travailleurs et de leurs familles, qui demandent à la société du pain et du travail ; cette tourbe innombrable se lève en face des propriétaires ; ceux-ci se lèvent à leur tour pour livrer le combat : les deux partis se menacent de près. Ce sont deux gladiateurs prêts à s'égorger ; l'épée est tirée, n'en doutez pas. Vous avez sous les yeux les scènes de Lyon, de Paris, de Londres ; vous connaissez le code foudroyant des *communistes*, des *unitaires*, des *chartistes* et autres, dont les desseins se coordonnent dans les souterrains des anciens *illuminés*. Oui, riches et pauvres, seigneurs et serfs, chefs et industriels, voilà votre position, voilà votre attitude. Ne vous le dissimulez point, vos veines seront déchirées par la pointe de vos lances. Cette guerre des *esclaves* est toujours plus imminente : chaque jour, du fond de ma retraite, j'entends forger les armes de votre destruction, et je recule épouvanté à la vue des ruisseaux de sang qui inondent les villes et les campagnes. Elles sont polies ces armes, elles blesseront sans mesure et sans fin.

Quand pour me délasser je parcours les feuilles ministérielles, je n'y vois que des récits désastreux d'ouvriers qui réclament l'augmentation de leur salaire, de travailleurs qui abandonnent leur ouvrage, d'industriels qui désertent leurs ateliers, maudissant leurs maîtres, et se préparant à la destruction d'une société où ils périssent de faim et de douleur. Le canon ne sera ni assez vite, ni assez puissant pour arrêter le mouvement insurrectionnel des masses populaires, qui se tendent la main de toutes parts pour ébranler à la fois l'Europe tout entière.

Plusieurs écrivains économistes ont cherché les moyens d'harmoniser la société ; mais leurs pensées sont ou athées, ou barbares, ou trop incomplètes : Charles Fourrier a réuni quelques matériaux qui sont marqués au coin de l'utilité ; mais il y mêle les plus révoltantes et les plus impraticables utopies : sa morale est une scorie infecte. Je ne crois pas qu'il soit possible à l'esprit humain de rien imaginer de plus dégoûtant que la promiscuité de la société qu'il prétend former ; ce n'est que dans les égouts de Rome et les mystères d'Éleusis qu'il a pu en puiser le modèle. Cela n'empêche pas que *la Phalange* en fasse un demi-dieu, tant les mœurs sont perverties ! tant la dignité de l'homme est dégradée ! J. B. Say, justement frappé de stupeur à la vue des malheurs publics enfantés par le paupérisme, recule devant la pensée d'harmoniser la société par les ressources que doit fournir la science sociale, sous le rapport dont nous parlons.

Je ne connais pas d'écrivain qui ait sagement espéré d'élever l'économie sociale à la hauteur où elle doit être placée. Il en est qui ne trouvant aucune issue au débordement du paupérisme, ont proposé le barbare moyen de laisser mourir de faim tous les indigents qui ne peuvent se soutenir par leurs travaux. Telle est la mesure adoptée par le Gouvernement anglais. O honte ! ô douleur ! ô peuple modèle ! Où donc allons-nous ? Venez encore me dire que nous ne devenons pas sanguinaires, et dignes des Hurons et des Iroquois ! Il n'est plus temps de nier cette lamentable dégradation sociale.

Écoutez-moi donc, vous à qui il reste encore quelques sentiments d'humanité ! écoutez-moi, Ricaldo, disciple du matérialiste Malthus, vous qui parlant d'un projet de loi sur la taxe des pauvres, avez formulé le sanglant réquisitoire qui suit, réquisitoire que le Parlement s'est hâté d'adopter dans sa session de 1839 : « La tendance funeste « de ces lois (lois sur la taxe des pauvres) « n'est plus un mystère depuis qu'elle a « été dévoilée par Malthus, et *tous les amis* « *des pauvres* devraient désirer ardemment « de les voir abolies. Par malheur elles sont « établies depuis si longtemps, et les pau- « vres ont contracté de telles habitudes sous « leur influence, qu'il faudrait beaucoup de « précautions et d'adresse pour pouvoir les « extirper sans danger de notre système « politique. Ceux mêmes qui sont les plus « décidés en faveur de l'abolition de ces lois, « conviennent qu'il faut qu'elle s'opère par « une marche lente et graduelle, si l'on veut « parvenir au résultat désirable d'empêcher

« ceux en faveur de qui ces lois furent faites
« mal à propos, d'être accablés par la mi-
« sère.

« Toute modification des lois sur les pau-
« vres, qui n'aurait pas pour but leur aboli-
« tion, ne mérite aucune attention, et celui-
« là sera le *meilleur ami des pauvres et de*
« *l'humanité*, qui pourra indiquer les moyens
« d'y parvenir de la manière à la fois la plus
« sûre et la moins violente. [1] »

C'est là un langage qui révèle les sentiments d'un véritable anthropophage. On recule d'horreur à la vue de telles indignités, adoptées par les *sages* de la chambre *haute* d'Albion !

Entre les hommes qui se sont occupés d'économie sociale, je dois signaler à l'attention publique et aux vrais amis de l'humanité, Louis Rousseau. Sa tribu chrétienne est conçue sur un plan digne du plus grand éloge : il a envisagé cette science importante sous le point de vue le plus magnifique et le plus utile. Il réalisera, j'aime à le croire, les types des agapes et des institutions du Paragay, alors que des hommes transcendants

[1] Principes de l'Economie politique de l'impôt, par D. Ricardo. Chap. V.

en tous genres de supériorité, n'étaient pas brisés par la hache de l'impiété et du libéralisme.

Plusieurs systèmes ont paru, ou plutôt, de nombreuses tentatives ont été faites, au siècle actuel, pour soulager l'humanité par le travail progressif. Aussi existe-t-il, sur plusieurs points de l'Europe méridionale et centrale, des fermes-modèles, des sociétés d'agronomes, qui ont pour objet non-seulement l'intérêt privé, mais encore le bien-être public. On avance dans la recherche des ressources et des procédés agricoles et industriels, qui doivent alimenter la société par des succès toujours croissants. Je loue les efforts de ces hommes et de ces sociétés généreuses, mais je ne puis m'empêcher d'avouer hautement que ces tentatives ne réunissent pas tous les éléments essentiels à l'amélioration de l'agriculture et de l'industrie. Ces fermes-modèles ne présentent que des résultats très-minimes, d'abord par la raison que les principes religieux, qui seuls forment la conscience de l'ouvrier et du fermier, et l'obligent au travail, non pas seulement pour toucher son salaire, mais pour remplir un devoir sacré de justice, sont mis à l'écart et répudiés comme des hors-d'œuvres aussi indignes que méprisables ; en second lieu, parce qu'on se hâte trop de mettre en usage les nouveaux modes de culture, sans s'assurer, par des épreuves suffisantes, de la réussite et du succès. De là les déceptions quotidiennes des maîtres, et le découragement des fermiers et de l'ouvrier lui-même. Les nombreuses sociétés d'agriculture, louables sans doute dans le but qu'elles se proposent, n'envisagent pas l'économie sociale dans toute son étendue ; elles se bornent à des spécialités, pour l'ordinaire insignifiantes ; elles font étalage de quelques découvertes qui n'en méritent qu'à peine le nom : ce sont de nouveaux tubercules destinés à orner un jardin, ou des plantes exotiques qui figurent admirablement dans des serres de luxe, ou enfin des produits qui mûrissent dans les plate-bandes de quelques amateurs d'originalités. On voit dans les bibliothèques des sociétés d'agriculture, des Mémoires, des théories sans fin, mais qui sont de nul effet quand il s'agit d'améliorer les terres pour nourrir tant d'indigents qui meurent de faim de toutes parts.

La noble mission des grands propriétaires, des sociétés d'agronomes, consiste évidemment à généraliser les procédés d'améliorations agricoles, et non à se renfermer dans beaucoup d'expériences factices ou capricieuses. Ils doivent se proposer, non de varier quelques faibles genres de produits, mais d'entrer dans le fond de la question sociale, et de chercher à détruire radicalement le paupérisme, en créant des ressources pour fournir du travail aux indigents de tous les pays et de toutes les classes, en ouvrant une carrière universelle d'exploitation qui devienne la source d'un bonheur général. C'est là la philanthropie la plus magnifique, la plus digne qui puisse exister. Des sacrifices sont indispensables sans doute, mais il est indubitable qu'ils seront largement compensés par les produits ultérieurs des essais qui auront été faits et continués.

Riches propriétaires, puissants seigneurs dont les fermes couvrent nos plaines, voilà votre mission! voilà une entreprise digne de vous et digne de l'humanité! C'est le premier moyen que je propose pour améliorer l'état de souffrance où se trouvent tant d'infortunés qui périssent de faim. Serai-je écouté, j'en doute; mais au moins j'aurai dit la vérité et satisfait la conscience publique.

CHAPITRE VI.

La seconde ressource que je signale pour détruire le paupérisme, ou au moins le diminuer, est d'appeler l'attention des gouvernements sur cette grande et douloureuse plaie. Je sais que les gouvernements ont pour objet spécial de garantir, par la sagesse des lois, la propriété individuelle, et surtout de défendre l'Etat par une politique active et judicieuse; mais ils doivent aussi assurer le bien-être matériel des citoyens qui le composent. Il leur est facile de s'assurer de l'étendue des ressources que possède chaque division territoriale. Les hommes préposés à la direction de ces divisions sont placés dans une perspective qui leur découvre les besoins et les bonifications qui résulteront infailliblement d'un examen quotidien. Un conseil central recevrait leurs communications respectives, et serait l'objet de méditations sérieuses. Des essais réitérés en démontreraient la juste valeur, et insensiblement on arriverait à des améliorations, à des inventions agricoles telles, que la face de la société serait bientôt changée; on accorderait enfin des récompenses honorifiques et effectives aux propriétaires qui découvriraient de vrais moyens de généraliser des procédés inconnus et des nouvelles productions. Les gouvernements auraient ainsi le my en le plus juste de connaître la valeur du sol et d'en retirer un droit avoué par la raison, et suffisant pour toutes les éventualités possibles, sans irriter le colon ni le propriétaire; car le centime qui bondit sur un sol nouveau ou amélioré, tombe avec joie dans la caisse de l'Etat.

Continuons à proposer nos moyens de détruire le paupérisme. Les baux à longs termes me paraissent réunir les conditions requises pour encourager le fermier à se livrer au travail avec persévérance. Ce qui, en effet, contribue avec tant d'empire au dépérissement des terres louées, c'est la courte durée du bail, ce qui occasionne l'insouciance du fermier, et le porte à exploiter sans mesure le sol qu'il doit abandonner dans peu d'années en de nouvelles mains. Ainsi le fermier et le seigneur trouvent, tous deux à la fois, leur ruine et leur malheur.

Or, pour engager le fermier à travailler avec soin et persévérance, les baux doivent être à très-longs termes : car il est évident que si le bailleur ne demeure pas en possession une longue suite d'années, pour être assuré du fruit de son travail et des améliorations qu'il aura faites à la ferme, et doter ainsi sa famille de ressources suffisantes, il sucera impitoyablement le sol qui lui est confié, sans pouvoir créer d'ailleurs, pour ses enfants, un avenir qui les mette à l'abri des souffrances de la faim et de tous les genres de malheur qui le menacent. C'est ce défaut qui multiplie les indigents avec tant de rapidité dans les campagnes.

Je sais que dans quelques pays la législation s'oppose à cette mesure, mais alors on doit obvier à cet inconvénient en compensant largement le fermier ; les stipulations doivent être formulées dès l'entrée du fermier dans les terres qu'il va exploiter ou mettre en valeur ; dans ce cas, il ne sera jamais frappé par les éventualités qu'il aurait à redouter. Le changement du personnel de propriétaires, les vicissitudes qui en sont la suite ne l'atteindront jamais.

Ainsi les terres seront bien cultivées, ainsi les produits se multiplieront et enrichiront le maître, le fermier et sa famille, dont le bien-être fournira des bras dignes de l'agriculture et de ses pénibles travaux. Ce sont là, à mon avis, les meilleurs paragrêles et les plus sûrs paratonnerres dont on puisse environner les fermes et les *villa* européennes.

Les défrichements des terres incultes et l'amélioration de celles qui sont déjà en valeur, doivent être regardés comme une source d'abondance et de produits multipliés. Tous ceux qui exercent quelque pouvoir et quelque influence dans la société, doivent donc se faire un rigoureux devoir de s'y consacrer tout entier. Je ne puis comprendre pourquoi on ne livre pas à la culture tant de landes en friche, tant de vastes plaines oisives, et qui, défrichées, doubleraient les revenus agricoles du pays, d'un Etat. Si la charrue passait une fois dans ses gras oasis, elle ferait jaillir des montagnes de grains de toute espèce. C'est aux gouvernements, aux hommes haut placés, à tous ceux qui impriment le mouvement premier aux affaires, à traduire en fait la théorie de l'amélioration sociale ; leur exemple, leur autorité, leurs revenus, la confiance dont ils jouissent, produiraient les effets les plus merveilleux, et leur assureraient un culte éternel de reconnaissance publique. Qui ne sait qu'ici-bas tout se fait par imitation? Le petit propriétaire marcherait insensiblement à la suite des régénérateurs, et l'agriculture s'élèverait à un point de perfection qui ferait tomber jusque dans la plus chétive cabane l'abondance la plus absolue.

Je citerai l'exemple d'un prince, qui s'élève avec rapidité au-dessus de son siècle, par les immenses bienfaits qu'il répand autour de lui: le roi Charles-Albert a su améliorer la plupart des provinces qui forment ses Etats. La Sardaigne, ce pays si impénétrable, a pris une nouvelle face : l'Isère et l'Arve ont été dociles à suivre la trace que son doigt leur a indiquée ; et ainsi, les vastes plaines que leurs eaux couvraient presque toute l'année, ont fait place à de joyeuses et riches moissons.

Oui, le paupérisme diminuera infailliblement, si même il n'est anéanti, dès le moment où l'on défrichera les terrains incultes, et que l'on procédera à des améliorations réitérées des terres déjà en valeur; il faut renoncer à ces habitudes, à ces modes agricoles que la routine a quelquefois consacrées, au détriment du bien-être et de l'abondance.

CHAPITRE VII.

Il est une cause secondaire du paupérisme, qui a été peu remarquée, et qui cependant est incontestable, surtout en France : c'est que l'ancienne noblesse a été jetée loin des avenues du trône. Je sais qu'elle a commis de grandes fautes; elle les a expiées, et ses enfants les expieront encore, tant les fautes des hommes puissants ont de fatales conséquences! Elle s'est nui à elle-même, en s'abaissant trop profondément devant le peuple. Je ne prétends pas qu'on doive encenser l'orgueil de la noblesse; mais je la plains souverainement d'avoir eu soif de popularité, d'avoir couru après tous les écrivains impies du siècle passé, dont les écrits subversifs et mensongers ont ruiné ses priviléges et neutralisé son influence. S'étant ainsi ravalée elle-même, sa condescendance et sa bonté ont été regardées comme des preuves de faiblesse et d'incapacité; de là la ruine de la considération dont elle avait joui jusqu'alors, et qu'elle méritait sous plusieurs points de vue. Il est vrai que parfois elle se targuait d'une telle hauteur, qu'elle révoltait les esprits les plus condescendants; c'est cette vacillation qui a causé sa ruine. Elle s'est imprudemment abaissée, et on l'a aussitôt jetée à terre pour toujours. Elle devait ouvrir ses trésors aux besoins de l'Etat, les répandre dans le sein du pauvre, mais non se mêler à la lie du peuple, et partager ses idées et ses goûts.

L'ancienne noblesse ayant disparu, et ses livrées étant déchirées, une noblesse nouvelle a pris sa place. Là, de nouvelles *armes* ont décoré de nouveaux châteaux, et les croix sont allé se fixer sur des poitrines vierges encore de toute distinction. Cette noblesse improvisée déborde aujourd'hui de toutes parts; sera-t-elle préférable à l'ancienne? Je ne le crois pas : ces pages vont le prouver ; mais elle sera plus prudente, c'est-à-dire plus insensible aux maux d'autrui. Aujourd'hui donc on voit des journalistes devenus ministres ; on admire cette coterie d'hommes grimpants autour du trône, en détacher à la hâte des décorations *nobiliaires*. Font-ils la richesse du pays, les nobles improvisés ! Ah ! gardez-vous de le croire. Voyez-les ! comme ils sont petits ! ils ne portent que l'habit plébéien ! Croyez-vous que ce soit modestie ? nullement : c'est purement économie, pour ne pas dire *harpagonie*. Si cet habit n'est pas un habit rapé, il a au moins fait un service biennal. Se plaindront inutilement le fabricant, le marchand, le tailleur, la modiste, voire même le fripier, qui a un coin dans sa hotte pour l'habit que l'on s'obstine à user jusqu'à son dernier fil. Ce n'est pas tout : ces heureux, ces citoyens du Potose, éblouis des richesses qui les environnent, ouvrent les veines de ce riche pays, et font descendre rapidement, dans leurs basques étonnées, l'or des contribuables et des indigents, et quand leurs palais sont brillants de splendeur, ils détournent le fleuve : il s'agit d'enrichir des parents, si nombreux qu'ils soient, sans oublier les amis qui ont travaillé des *pieds* et des *mains* pour placer l'*élu* sur la roue du bonheur ; ainsi, des avalanches d'or et d'argent tombent et couvrent les anciens manoirs de tous les nobles improvisés, et autres, qui l'étaient déjà au moment où l'ère nouvelle a commencé. Voilà ce qui se voit chaque jour, voilà ce que vous vaut le remplacement de l'ancienne noblesse, et comment le paupérisme de l'Etat, et, par suite, des véritables pauvres, s'accroît sans mesure dans la société.

On ne contestera pas que l'ancien régime, ou, si vous voulez, l'ancienne noblesse, riche de ses immenses domaines privés, n'engouffrait pas avec la même avidité et la même impudence, les revenus de l'Etat ; elle ne lésinait pas ; elle était grande, digne, souvent prodigue ; son luxe, blâmable sous certains rapports, profitait au commerce et aux indigents : l'industriel avait son bénéfice dans cet étalage de grandeur ministérielle ou seigneuriale. Aujourd'hui, l'économie ou lésinerie, ce qui est une même chose, part de *hauts lieux*. Je ne veux insulter personne, mais je pose en fait, et nul observateur ne me démentira, que les *premières classes de la société sont les plus soigneuses de leurs revenus*. Que d'exemples se présentent à la fois à mon esprit! ou mieux, que de scandales! que d'horreurs! que d'hommes mériteraient la fustigation la plus sanglante! C'est un malheur du siècle actuel.

La prévoyance, dit-on. Quel sophisme! quel voile d'ignominie! Il en est qui font gémir l'Océan sous le poids de l'or. Qui pourrait compter les Crésus ministériels, dignitaires tous employés dans toute la longueur de l'échelle administrative, judiciaire et commerciale? Parlerai-je du temple de la monnaie? de tout cet agiotage scandaleux, qui est sans exemple dans les annales de l'univers? O douleur! ô amertume! O charité! ô christianisme! où sommes-nous? où allons-nous? Pleurez enfants de Christ; désolez-vous, cœurs généreux et sensibles! Quand nous aimerons-nous les uns les autres? quand nous secourrons-nous! quand Jésus-Christ régnera-t-il sur tous les hommes par son amour infini?

Ainsi arrive-t-il que ces funestes exemples produisent des effets désastreux dans la société. La philanthropie n'est plus qu'une illusion, et, comme le dit un écrivain célèbre, Louis Rousseau, un *véritable orviétan*; et ceux qui le prônent si hautement, de vils prestigiateurs, de *méprisables charlatans*

A ce mot de philanthropie, je dois signaler un abus visible et exorbitant dans l'exercice de la bienfaisance publique. Je ne prétends pas persuader mes adversaires, car leurs préjugés tiennent trop profondément à leurs entrailles, pour que jamais ils consentent à ouvrir les yeux à la lumière ; je dis donc que la bienfaisance publique, dès que l'exercice exclusif en fut enlevé au clergé, est devenue le talisman de la charité chrétienne, et rien de plus. C'est une roue qui emporte autour de son orbite toute la terre végétale sur laquelle elle tourne. Je ne suspecte pas la probité des fonctionnaires chargés de faire couler l'or de l'aumône jusque dans le sein de l'indigent ; mais ne faut-il pas salarier, avec le denier du pauvre, toute cette nuée obscure d'employés, tels que contrôleurs, receveurs, vérificateurs, secrétaires, copistes, trésoriers, distributeurs, porteurs à domicile ; tous ces hommes enfin destinés à faire passer de main en main l'aumône de l'indigent, n'ont-ils pas droit à leur subsistance personnelle, et ne diminuent-ils pas, au détriment des pauvres, les ressources qui les empêchent de mourir de faim? Pourquoi condamner tant d'écrivains publics à tracer, huit heures par jour, des lignes horizontales et verticales, à mouler des accolades qui étreignent fort étroitement des chiffres, et laissent vagabonder l'argent de la misère? A quoi bon ces titres, ces catégories, ces interminables subdivisions de bureaucratie, qui deviennent le tombeau des hommes appelés à remplir ces cadres labyrinthiques?

La bureaucratie! quelle niaiserie! quelle sottise! ou plutôt quel fléau! Mais, dites-vous, la régularité des comptes! Belle réponse! Régularisez vos comptes tant qu'il vous plaira, la faiblesse humaine se montrera toujours partout, et obtiendra le même succès. Impossible de lier les mains au comptable, quand la conscience n'est pas la boussole de ses actions. Je ne sais où j'ai lu qu'un rédacteur de dictionnaire avait formulé cette phrase au mot *comptable* : *tout comptable est pendable*. Le rédacteur en chef l'obligea à la rayer : il obéit; mais il ajouta à la suite de l'exemple a demi raturé : *rayé, quoique véritable*.

Les annotations simples, véridiques, faites par la main désintéressée des meilleurs amis des pauvres, les ministres de la religion, avaient sans doute moins de symétrie, mais elles renfermaient autant de justice, et ne diminuaient point les secours destinés à l'indigence.[1]

Il est aussi une observation frappante à faire, depuis le revirement de l'administration de charité : c'est que dès cette époque fatale aux pauvres, où le clergé a été mis en dehors des conseils de bienfaisance, ou réduit à une faible minorité, nulle fondation nouvelle n'a été faite en faveur des indigents ; nul secours n'a été offert pour l'amélioration des classes pauvres : c'est là un fait, un malheur incalculable, une plaie affreuse ; la source des bienfaits de ce genre est tarie pour jamais, au grand détriment des malheureux qui ne peuvent se défendre, par leurs travaux, contre la faim qui les poursuit partout, tant il est vrai qu'un instinct irrésistible pousse les bienfaiteurs de l'humanité à croire que l'aumône doit passer par les mains du prêtre pour arriver intacte dans celles du pauvre à qui elle est destinée ! Voilà, hommes de perfections, hommes de progrès, voilà ce que vous

[1] On compte aujourd'hui en France 12,519 hospices ; 6,365 bureaux de bienfaisance ; 42 monts de piété ; 20 maisons d'aliénés, et 25 établissements mixtes.

avez fait ! vous multipliez les pauvres, vous les laissez mourir de faim par haine pour le clergé, et par amour pour vous. Il n'est pas nécessaire de dire que, par pauvres, j'entends tous ceux qui ne peuvent pas se livrer au travail, ni à des occupations qui ne suffisent pas pour leur subsistance et celle de leur famille.

CHAPITRE VIII.

SE présente ici une grave question, la justification des ordres mendiants. A ce mot, tous les économistes athées, déistes, je dirai même quelques catholiques, se bouchent les oreilles. Des ordres religieux mendiants, dans un temps où le paupérisme déborde de toutes parts et inonde la moitié de l'Europe! Une profession solennelle de mendicité, dans un siècle de lumières! Arrière l'obscurantisme! arrière les âges de ténèbres, où sont nées ces intolérables singularités! Calmez-vous, Parnell, Wakefield, J. B. Say, et autres, dont les noms retentissent quelquefois jusque dans la chambre dite ironiquement représentative, où l'étourdi Desjobert vous appelle en témoignage sur une matière que vous ne comprenez véritablement ni vous, ni lui.

Et d'abord, vous dirai-je, quelle est votre philanthropie, à vous et à vos confrères, Adam Schmit, Ricardo, et autres économistes anglais et français? La voici, ou formellement expliquée, ou déduite rationnellement de vos écrits : il en est parmi vous qui ont promulgué des horreurs sanguinaires; votre philanthropie est *de laisser mourir de faim tous les pauvres qui vous environnent*, parce que, dites-vous, la société ne peut se charger de les nourrir. Ecoutez maintenant la mienne : c'est *de remédier aux vices de l'organisation industrielle et agricole*, cause génératrice du paupérisme qui a envahi la moitié de l'Europe; c'est *de partager avec le pauvre forcé l'once de pain qui me reste, et de me rouler dans le même tombeau simultanément avec lui, si le sol refuse de produire la substance nécessaire à tous les deux*. Allez, vils anthropophages, allez, et ne me parlez plus de philanthropie, ou plutôt revenez, et écoutez-moi.

Je ne veux pas établir de comparaison, à Dieu ne plaise! mais, si l'on pouvait bannir de la société tous les *consommateurs inutiles*, le monde disparaîtrait avec une telle rapidité, qu'on ne verrait presque plus personne, *tant il en entrerait dedans la sépulture*, comme disait *le bon Lafontaine*; les villes et les campagnes mêmes deviendraient veuves de la moitié au moins de leurs habitants. Mais nous renfermant dans un cercle plus étroit encore, dites-moi, pourquoi ne bannirait-on pas de l'univers, ou au moins du globe qui les nourrit, tous les fainéants, les viveurs, les promeneurs de jour et de nuit, toutes les femmes oisives, dignes filles de notre commune mère, tous les flaneurs des cités, les Alibauds connus, les avocats sans cause, les notaires sans actes, les habits rapés, et tant d'autres qui usent inutilement le sol terrestre? Voilà une fournée bien digne d'être prise en considération, aussi bien que les pacifiques enfants de François d'Assise. Justice donc! justice universelle! Messieurs, et nous allons nous embrasser à la face des nations applaudissantes!

Marchons. Certains économistes, dont Malthus est l'écho, nous disent que la société ne peut fournir du travail à tous ceux qui en manquent, et que le moyen le plus certain de faire disparaître l'indigence, est de lui refuser toute espèce de secours; pourquoi donc condamner la mendicité? Dès qu'il ne peut y avoir de travail pour tous, il est sans doute permis de demander l'aumône ; et si la philosophie refuse de soulager le pauvre, la charité doit être excusable de ne pas le laisser mourir de faim. A la philosophie les entrailles de fer et de bronze ! à elle seule la cruauté et la barbarie ! C'est ainsi, cruels régénérateurs, que vous irritez la classe indigente, que vous la portez chaque jour à renverser l'ordre social, à changer la face du monde, et à inonder de sang l'univers tout entier !

Eh quoi ! ajoutez-vous, l'aumône favorise la paresse. Mais, si vous ne voulez pas faire l'aumône, donnez-nous du travail ! Vous n'en avez pas ? Laissez-nous donc, au nom de l'humanité empreinte sur notre visage comme sur le vôtre, laissez-nous recueillir les miettes qui tombent de votre table. Dirigez mieux le travail industriel et agricole, et apaisez la faim qui nous ronge les entrailles : car si le délire de la faim trouble nos esprits, nous ne pourrons que nous jeter sur le pain qui nous environne.

Mais, dites-moi, célèbres économistes politiques, n'est-il pas véritable que les ordres mendiants ont procuré et procurent à la société d'immenses secours *moraux* ? ne se sont-ils pas toujours occupé à porter le flambeau de la foi et de la civilisation dans toutes les contrées de l'univers? les Franciscains, les Dominicains n'ont-ils pas traversé tous les déserts pour annoncer l'Evangile, et, par là, facilité le commerce avec les peuples les plus inconnus? ne sont-ce pas les Bernardins et les Dominicains qui ont initié à l'agriculture la France, la Savoie, et familiarisé avec elle tous les peuples barbares qui ont envahi les contrées?

Après avoir cédé leurs instruments aratoires aux hommes injustes qui les leur ont demandé dans ces derniers temps, ne serait-il donc pas permis à ces anciens maîtres de réclamer, en récompense de leurs services, quelques faibles produits de leurs anciens travaux, puisque ceux qu'ils s'étaient réservés, leur ont été si odieusement ravis? ne peuvent-ils pas ramasser l'épi que le passant écrase, épi qui a remplacé la ronce, dont l'extirpation a ensanglanté leurs mains? ne sont-ils pas, eux aussi, présents tous les jours au combat, comme tous les enfants du Christ? Oui, les services *moraux* qu'ils procurent à la société sont incontestables. Oh! il serait à désirer, pour l'honneur de l'humanité, que tous les hommes, toutes les femmes, atteints du spleen européen, qui entrent dans l'éternité par le bois de Boulogne, par le Léman et la Tamise, eussent moins horreur de l'habit de la pénitence et de l'innocence ! ils trouveraient alors une fin plus digne et plus heureuse ; tant d'horreurs ne souilleraient pas de sang et de boue le front du dix-neuvième siècle !

CHAPITRE IX.

IL n'est sarcasme qu'on ne lance contre les ordres mendiants. Mais vous, qui les blanchissez de l'écume de votre rage, calmez-vous, et écoutez-moi. Elevez plus haut vos esprits; hissez-vous au-dessus de la société; considérez l'ensemble des générations et toute l'étendue du genre humain. Vous savez dans quelle dégradation morale le paganisme était tombé: on avait un tel mépris pour les esclaves, que, suivant Aristote, on les croyait indignes d'avoir de la vertu, d'y aspirer même. Vous n'ignorez pas non plus que de nos jours on attache une honte indélébile au front du mendiant, et que rien ne fait baisser les yeux avec tant de rapidité que la demande de l'aumône. Rien n'est capable de dédommager le pauvre des tortures qu'il souffre au moment où il tend la main. Les pauvres sont donc totalement voués au mépris et à la honte la plus douloureuse et la plus ineffaçable. Or, qu'a fait le divin régénérateur de la société? Il a fondé une religion, annoncé une doctrine qui réhabilite à la fois tous les membres de la grande famille humaine, une religion qui a fulminé le programme de l'égalité des hommes par la vertu; cette égalité n'est pas native, mais elle est complète par la vertu; et pour consoler et replacer au niveau humain la classe pauvre et méprisée de tous, il a dit à quelques-uns de ses ministres: « Faites-vous esclaves, devenez pauvres comme vos frères que vous voyez étendus dans la poussière; revêtez l'habit de l'indigence et du malheur; mêlez-vous avec tous les infortunés de la société; allez aux bagnes, pénétrez dans les cachots, tendez la main pour recevoir l'aumône; ainsi, vous réhabiliterez les tristes débris de l'humanité; ainsi vous relèverez le courage de ces âmes abattues par la honte; ainsi vous les ferez rentrer dans la route du bonheur. »

« Vous leur direz que j'ai assez de palmes, assez de couronnes, assez d'amour pour tous;

qu'ils soient patients, qu'ils élèvent les yeux au ciel, et que votre présence, votre exemple les ennoblissent. Je recueillerai à la fois vos larmes et les leurs ; je les conserverai dans ma main jusqu'au jour où je les changerai en perles d'or pour l'éternité. » Voilà le langage du Souverain Régénérateur des hommes, voilà la complète justification des ordres mendiants. Loin donc de nous les sanglantes railleries du philosophisme ! honneur universel à ces hommes qui *réhabilitent l'humanité !* que leur panthéon soit partout, comme le sont leurs bienfaits !

O enfants des François d'Assise, des Benoît, des Bernard et des Bruno, nouveaux Siméon Stilite, vous avez mis le travail en honneur, l'histoire l'atteste ; vous rendez à la société d'immenses services moraux ; vous avez retiré la classe des pauvres de l'abjection injuste où les hommes la retenaient depuis l'origine du monde ; vous avez suivi les conseils du régénérateur suprême du genre humain ; vous avez ennobli l'indigent dégradé, et offert un refuge de bonheur à l'innocence en péril, en l'appelant à la pénitence ! et l'on ose vous contester le droit de demander à la société le juste salaire de vos travaux ! et l'on brise votre main, quand vous la tendez pour recevoir le prix de vos sueurs! vous marchez sur le sol que vous avez conquis à l'agriculture, et des héritiers ingrats vous reprochent de broyer quelques épis pour apaiser votre faim! O douleur! ô injustice! ô Dieu vivant! qui voyez l'ordre renversé, vous tairez-vous toujours? ne se fait-il plus de foudre dans votre demeure? ne voyez-vous pas que le soc de l'impiété a déplacé la dernière pierre de vos antiques sanctuaires? Parlez, Dieu puissant! afin que nos ennemis et les vôtres ne nous accusent plus de votre silence!

Je dois cependant avouer que si les ordres mendiants se multipliaient trop, les gouvernements seraient sages d'en arrêter l'extension; mais cette hypothèse est loin de recevoir encore sa réalisation. L'esprit du siècle met un chaos immense entre les vœux de mortification, de pureté, d'obéissance, et l'impiété, le dévergondage, la négation absolue du bien et du mal qui s'affichent de toutes parts.

J'ai signalé les causes du paupérisme; j'ai proposé les remèdes qui doivent les détruire. Je désire, de toute l'ardeur de mon âme, que des économistes plus éclairés, profitant de quelques étincelles de vérité que les écrivains matérialistes, qui ont traité cette grande question, sont parvenus à faire briller dans leurs recherches, puissent enfin résoudre complètement cet immense problème social; je désire que la science sociale qui, sous le rapport économique, est encore à son état rudimentaire, trouve une solution entière. Pour moi, je ne ferai plus qu'indiquer un dernier moyen que je dois signaler plus tard, et ce moyen, qui aurait dû trouver sa place plus haut, c'est de *moraliser* les masses populaires, agricoles et industrielles. « Car, dit M. Guizot, il importe que l'élément moral soit égal à l'élément social. » C'est-à-dire, l'harmonie de la société n'existera que lorsque les individus auront autant de vertus que les institutions réuniront de sagesse. Cette sentence est d'une justesse frappante. La conscience! voilà le granit anté-diluvien sur lequel doivent reposer tous les actes humains, ceux des individus comme ceux de la société; *sagesse* dans les institutions qui régissent la société, *moralité* qui sanctionne les actions individuelles et publiques.

Or, dites-moi, où est cette moralité, c'est-à-dire la justice, la pureté, la charité? Je l'ai dit, *dureté* dans les maîtres, *infidélité*, *indolence* dans les travailleurs : voilà ce que l'on rencontre partout. De quelle arme vous servirez-vous pour couper à leur racine tant de maux qui vous pressent? quel feu assez ardent pourra cautériser cette immense plaie sociale? que faut-il faire? Il faut éclairer ces trop nombreux ouvriers industriels qui inondent les fabriques et les ateliers, où la plupart sont inutiles aujourd'hui; les répandre dans les oasis européennes, leur fournir des terres à améliorer, prolonger la durée des baux, augmenter le salaire des ouvriers et des industriels qui demeurent attachés aux manufactures, les intéresser aux produits, inoculer enfin la conscience dans le cœur de tous, implanter dans leur âme la morale évangélique, les préceptes de l'Eglise, placer à leur tête des ministres des autels, tels que saint Paul les veut, diriger les fermes-modèles par le catholicisme, expliquer ses maximes aux jours destinés pour les exercices religieux. Oui, il faut que le prêtre jouisse d'assez d'influence pour faire comprendre à tous que les chefs doivent aimer leurs inférieurs comme leurs propres enfants; aux inférieurs, qu'ils sont obligés de servir leurs maîtres avec fidélité, soumission et amour, pour se rendre dignes du salaire éternel que le souverain Juge promet au-delà du tombeau.

Voilà les éléments, les sources d'une fécondité universelle ; voilà le sépulcre profond du paupérisme, le gouffre où la lave de ce volcan européen doit se précipiter pour toujours. La population augmente [1] de toutes parts, le travail diminue, le riche exploite le pauvre, le pauvre s'irrite, grince des dents, lève l'étendard de la révolte : de là l'émeute, dont il me reste à parler dans les chapitres suivants.

[1] Pendant le règne de Henri IV, la France ne comptait que seize millions. Sa population est actuellement de trente-trois millions.

CHAPITRE X.

DE L'ÉMEUTE.

UN phénomène caractéristique du siècle actuel s'offre de toutes parts aux yeux de l'observateur ; l'histoire des nations, depuis l'origine du monde, n'offre rien de semblable à la coalition compacte et universelle connue aujourd'hui sous le nom d'émeute. On a vu à la vérité, chez tous les peuples, des hommes, plus ou moins obscurs, se coaliser tantôt secrètement, tantôt en face même de leurs concitoyens, pour renverser l'autorité qui les dominait ; mais il est inouï qu'on ait vu des milliers d'hommes sortir inopinément des manufactures, des boulangeries, des usines, des scieries, des ateliers du tailleur, du banc du savetier, de la forge de l'armurier ; des hommes munis de la truelle ou de la plaque du chapelier, se répandre comme un torrent furieux, et ravager toutes les contrées, spécialement la France, l'Angleterre et l'Espagne ; s'enrôler sous la même bannière, et jurer sur le même autel de renverser l'ordre social, de changer la face des nations en poussant simultanément la société hors de sa base actuelle, pour en prendre eux-mêmes la place. Non, cette compacité, cet esprit d'unité subversive, ces efforts redoublés, cette ébullition perpétuelle qui croît tous les jours, est un phénomène qui ne s'est jamais vu nulle part, chez aucun peuple ancien ni moderne.

Nul ne niera que ces milliers de prolétaires, d'industriels, de manouvriers, ces essaims de travailleurs, cette armée enfin d'hommes à gages ou obscurs propriétaires, ces innombrables masses populaires, n'aient tous qu'une même pensée, qu'un même vœu, qu'un même brûlant désir qui les dévore jour et nuit : celui de renverser la société, et de marcher en triomphe sur les fibres palpitantes de son cadavre. Oui, la fin suprême de ces nouveaux Vandales est là ; oui, leurs mains creusent, sans interruption, le tombeau de l'Europe. Ces hordes ne respireront que lorsqu'elles auront brisé les derniers débris de l'ordre existant ; elles appliquent avec fureur leur bouche impure sur la grande artère du corps social, pour en sucer jusqu'à la dernière goutte de sang. Oh ! sans doute, le drame sanglant se joue ; la dernière scène est proche, n'en doutez-pas, vous qui veillez sur les peuples. Ne sentez-vous pas la terre fléchir sous vos pieds ? Recueillez-vous, vous qui ne croyez aux événements que lorsqu'ils sont inévitables ; vous qui triomphez en secret, qui vous réjouissez de cette effrayante situation, croyez-le, vous allez enfin assister au cataclysme social ; préparez-vous !

L'émeute ! Voyez-vous ces figures sinistres, décharnées, sépulcrales ? ces êtres qu'on appelle hommes, usés plutôt par le vice que par le travail ? les yeux hagards et farouches, ils vous dévorent par la pensée ; pareilles aux sauvages qui se jettent sur les naufragés de l'Australie, ces hordes hurlent de joie dans les rues de Paris et de Londres, elles ricanent horriblement à la vue de quelque malheur ;

son goût pour le sang se réveille alors tout entier. Que le maître qui les occupe, qu'un ministre de l'autorité ou un lévite sacré paraisse, alors ce sauvage secoue sa crinière, mord la chaîne qui le retient, et hâte de toute l'ardeur qui le brûle, le jour solennel où le sang coulera de toutes parts. Dieu! quel spectacle! Fuyez! car le cimeterre va tomber sur votre poitrine, et le poison dévorer vos entrailles!

Que veulent tous ces ennemis de la société? ces communistes, socialistes, niveleurs et autres Weishan, que veulent-ils? Ecoutez-le attentivement: *l'expulsion* du propriétaire, *l'anéantissement* de *l'autorité*, quelle que soit sa forme; la *mort* de toute religion: voilà le *labarum* de tous les ennemis de la société actuelle. L'arbre social est rongé dans toute sa hauteur par la faim, par l'égoïsme, par la faiblesse de la justice, par l'athéisme des lois et de l'enseignement, et enfin par la corruption morale des masses populaires et d'une fraction considérable de classes élevées. « La machine crie, disait naguère M. de Bonald, il faut de l'huile. » « Comment se peut-il faire, s'écrie Louis Rousseau [1], qu'il y ait des personnes

[1] Croisade du dix-neuvième siècle, page 326.

qui mettent en doute l'imminence d'un grand et prochain cataclysme social, qu'il serait encore toutefois possible de prévenir? »

Que tous les amis de l'ordre et de la religion y réfléchissent! Loin d'eux la pensée d'ajouter foi aux discours hypocrites des hommes qui dénient le danger que nous signalons; qu'ils ne prêtent jamais l'oreille aux paroles insidieuses par où ils s'efforcent de nous endormir à la bouche du canon, pour mieux s'assurer de notre mort : car ils savent mieux que nous que le drap mortuaire qui doit couvrir l'Europe, est achevé; déjà ils se préparent à en soutenir les extrémités avec cette joie rugissante que le génie du mal a léguée à ses enfants. Ils vous disent que les colonnes de la société sont plus solides que jamais, quoique la mine qui est sous nos pieds commence visiblement à fumer; ils ajoutent, en haussant les épaules, que nous aimons le pessimisme. Mais penchez-vous, et voyez : sous l'habit soyeux et la veste de bure est cachée l'immense épée qui va niveler l'Europe : soyez donc fermes et inébranlables; travaillez sans relâche à consolider l'ordre social; efforcez-vous d'améliorer, par toutes les ressources dont vous disposez, la condition des hommes qui souffrent, afin qu'après avoir signalé les maux, nous en opérions soudainement la guérison!

CHAPITRE XI.

La première cause qui irrite les niveleurs de la génération présente, est l'impérieuse loi des besoins physiques qui tourmentent la classe pauvre dans la plupart des Etats européens, spécialement en Angleterre et en France. Je l'ai dit plus haut, il faut que les gouvernements, les riches, les hommes de vertu et de courage, se lèvent à la fois dans toutes les parties de l'Europe, et tendent la main à l'indigence par une meilleure organisation de travail, par le défrichement et par tous les moyens que l'expérience fournit toujours à l'homme attentif à suivre la marche des temps et des choses. Tant que l'on ne cicatrisera pas cet ulcère, le bivouac sera inévitable, l'épée de la rébellion ne rentrera jamais dans son fourreau, et la société sera perpétuellement divisée en deux camps, acharnés l'un contre l'autre. En vain s'efforcera-t-on de réprimer le désordre, de fulminer des peines afflictives, les châtiments ne serviront qu'à aigrir les esprits et à augmenter la haine déjà si profonde et si invétérée. *Il faut du pain pour tous!* c'est la première condition de l'association humaine; il est facile de fournir du pain à celui qui travaille, il suffit de le vouloir.

Quand le pain à la bouche et à la main, le prolétaire tentera de se révolter, châtiez-le sans mesure, car il est ingrat de sa nature; mais quand la faim ronge les entrailles de l'ouvrier, quand votre dureté lui refuse le travail qui fournit le pain, gardez-vous de le frapper; car vous seriez inhumain, et il se jetterait sur vous pour vous briser sous sa dent.

Le régime gouvernemental de la France, depuis 1830, a accéléré d'une manière effrayante la révolution sociale dont nous sommes menacés de si près; ce gouvernement, dit populaire (on sait à quoi s'en tenir à cet égard), a beaucoup promis et tout refusé à la multitude qui a fait la révolution avec les pavés de Paris. Ce peuple, ces aveugles barricadeurs, ont ouvert toutes leurs veines pour aider les héros-comédiens à grimper, et à s'asseoir autour du trône; ils ont placé la dernière planche pour les faire monter à la hauteur tant convoitée; et voilà que ces honnêtes révolutionnaires, ces démolisseurs à l'âme sincère, après avoir intronisé les *immortels* dont les noms poudreux ternissent tous les jours la gloire de la France, ont été cruellement repoussés loin des avenues de la félicité; on les a jetés pêle-mêle dans la rue, et de là dans les prisons; les uns ont monté au *belvédère* de St.-Michel, les autres sont allés traîner le boulet à Brest et ailleurs; ils ont cru, les enfants de la *liberté*, que la révolution se ferait pour tous, et que la manne de la régénération tomberait moins fade sur leur tête, qu'elle ne tombait sur les voyageurs du Sinaï.

Quel ne fut pas l'étonnement de ce peuple abusé, et si cruellement trompé dans ses espérances! De là, des tonnerres de murmures, des injures, des coups de sabre, des conjurations, des attentats; de là, les campagnes de 1831, 32, 34, à Paris et à Lyon; de là l'émeute où, pour apaiser les régénérateurs, le gouvernement a fait semblant de condescendre à leurs vues, d'écouter favorablement leurs plaintes; il a jeté quelques décorations sur la poitrine des plus furieux ; il a simulé la liberté de la presse, présentant d'une main le code *sacré* de la pensée humaine, et frappant sans mesure de l'autre ; ainsi, par ses fallacieuses promesses, il a irrité jusqu'à l'exaspération, et au lieu d'arrêter les progrès de l'insurrection sociale, il a hâté la ruine de l'ordre européen : la faim n'a pas été apaisée, elle l'est moins que jamais, et tous les hommes devenus le jouet patent du machiavélisme régnant, travaillent sans relâche à ruiner cette situation si déplorable pour eux ; situation qui ne produit rien, sinon des impositions exorbitantes, un déluge de faillites, une *guerre* déshonorante *toujours* et *partout*, sans que l'on puisse tirer l'épée, et se consoler par le trépas de quelques ennemis de la patrie, ou, comme on dit, du pays. Cette triste histoire a créé des maux d'un nouveau caractère, spécialement à l'égoïsme.

CHAPITRE XII.

LE matérialiste Helvétius disait : « S'il pouvait exister un homme qui eût intérêt à ce que deux et deux fissent cinq, on ne lui persuaderait jamais que deux et deux font quatre. » Si jamais cette vérité a trouvé une juste application, c'est surtout au siècle actuel. Je sais que chaque âge puise dans les eaux profondes des crimes et des iniquités humaines ; mais nul ne niera que chaque période de l'histoire du monde ne porte sur son front ses stigmates particuliers, par où il est facile de la signaler à l'attention publique ; or, l'égoïsme ne s'était jamais affublé d'un vêtement si honteux et si dégradant que celui qu'il revêt aujourd'hui. Placez-vous sur l'horizon rationnel, et parcourez des yeux toute la longueur de l'échelle sociale : avez-vous plongé vos regards avec l'attention requise? Hé bien! vous le voyez, les premières classes de la société ne sont pas les plus généreuses. Je sais qu'il existe d'honorables exceptions, je me hâte de le proclamer; mais je ne puis pardonner à la tourbe gouvernementale d'épuiser le contribuable, de lui arracher son dernier centime pour pourvoir aux besoins de l'Etat, à ce qu'elle dit. L'Etat! quelle heureuse invention! Supposé que l'emploi du denier national soit toujours consciencieux, je dis que l'on doit abandonner les rênes du gouvernement à des mains plus habiles, quand on ne possède pas le génie d'une plus salutaire administration. Hélas! il est permis de gémir sur tant de calamités, sur tant de gaspillages, sur tant de fausses directions données à l'or public.

Soyez-en persuadés, les grands scandales partent d'en-haut. Par imitation, la classe secondaire, entraînée par de si funestes exemples, se tourne en tout sens pour lésiner : elle ne se croit pas assez riche pour tenter de nouveaux moyens de pourvoir au bonheur général de la société; elle accumule sans discernement, elle se pousse, elle se produit, sans jamais regarder derrière elle, ni écouter les cris de l'indigence qui succombe et se meurt. On ne pense pas à secourir le pauvre, quand on se *croit* pauvre soi-même, et si les excès que je déplore ont existé dans tous les temps, on ne peut disconvenir qu'ils ne soient aujourd'hui universels, et qu'ils n'aient tellement défiguré la société, qu'elle est devenue méconnaissable. Seules, quelques familles se souviennent de leurs frères souffrants ; seuls, quelques hommes, dignes d'une meilleure époque, viennent au devant des malheureux Lazares qui gisent partout sans pain et sans vêtement. Le clergé, il est vrai, a la mission divine de réchauffer les membres glacés, et de consoler l'infortune; mais comme on lui jette à peine quelques miettes de pain, tristes débris de la fortune qu'on lui a si injustement ravie; mais comme on le conspue de toutes parts, mais comme on affiche partout contre lui le sanglant programme du crucifiement, il n'ose plus se montrer, ni solliciter la charité publique ; mais comme on le couvre de boue, il ne sait ni ne peut se mettre à la tête de la bienfaisance générale, pour secourir l'indigence et la relever de son abattement. Ainsi, pour le grand malheur des hommes, l'égoïsme triomphe et étend de tous côtés sa lamentable domination.

Oui, tout va en ruine : chacun se renferme dans l'enceinte de son palais ou le pourtour de sa cabane ; chacun s'efforce de thésoriser clandestinement, et la société déchirée se dévore, et les complots s'ourdissent, et les mines souterraines se creusent sous tous les points du sol européen. Le prolétaire, l'ouvrier, l'industriel, le peuple enfin jettent sur les sommités sociales le croc de fer qui les renversera à terre. Cette calamité menace et désole les pays jusqu'ici les plus pacifiques et les moins aptes à de semblables commotions : témoin cette vieille Helvétie, qui ne sait plus goûter son bonheur : il y a là incubation générale. Nous verrons la nouvelle progéniture. On dirait que toute la sagesse des enfants de Tell est disparue ; ce sont des niaiseries, des jeux de poussette, qui serviraient admirablement à délasser les dandins des rues et des places publiques, si l'on ne voyait caché sous les insurrections quotidiennes les éléments de l'égoïsme le plus insensé et le plus cruel.

Cette Genève, qui naguère se targuait de tant de grandeur, n'est plus qu'un gâchis, comme disait le franc et loyal Lobeau. On a jeté le harpon homicide sur les ci-devant *magnifiques*, et les voilà étendus dans la rue, se colletant avec les prolétaires et les ouvriers. Pauvre aristocratie ! ta nacelle a fait eau de toutes parts ; tu es maintenant forcée de donner le bras au gantier et au ciseleur pour pouvoir entrer dans la Chambre représentative. Mais, ô douleur ! le 31 Mars a fait asseoir, dans le sanctuaire du pouvoir constitutionnel, de criminels intrus : des catholiques..... Entendez-vous bien ? des catholiques ! Vite ! la Bible, car elle défend à tout jamais qu'un catholique ne prenne la parole pour soutenir ses droits. L'Ancien et le Nouveau-Testament sont précis à cet égard, et je ne sais pourquoi les *vénérables pères*, qu'on appelle ministres, n'ont pas encore démontré mathématiquement que le catholique genevois est, politiquement parlant, un être exotique et indigne de paraître dans l'auguste Chambre cantonale. Savez-vous ce qu'on y fait, dans cette Chambre ? On y délibère sur le costume que les femmes doivent porter pour être admises aux séances. Brillante aristocratie ! où est ta gravité ? Oh ! que la déglutition des périodes populaires doit être pénible pour toi ! Vois la hauteur d'où tu es tombée !

Tu as fait le saut du Niagara ! Va maintenant demander des consolations à ton Rousseau, qui a tant travaillé à ruiner la société et à niveler les conditions des familles. C'est dans cette pensée sans doute que tu l'as placé dans l'enceinte de tes murs. Quand je te vois humiliée jusqu'à humer l'air plébéien, je me sens frappé de terreur et de pitié ; je vois là ce qui se prépare de toutes parts sur le sol européen, à moins que l'on ne brise sans délai le sceptre de l'égoïsme. Où est la massue ? Je vous la montrerai bientôt. J'ai à m'entretenir auparavant avec les enfants de la moderne Thémis.

CHAPITRE XIII.

DEPUIS la fatale époque de 1830, le sceptre de la justice a été meurtri sans mesure. Il chancelle visiblement dans la main des sommités chargées de le montrer aux peuples. Des sociétés, dites morales (contre-sens comme on en voit tant), se sont tellement apitoyées sur les criminels, que la condamnation de ces derniers est devenue un forfait impardonnable, et les tribunaux n'osent plus rendre justice avec indépendance. La loi est déchirée, disait un célèbre juge de l'antiquité, et ne parvient pas à sa fin. Autrefois les accusés étaient saisis de terreur à la vue de leurs juges; aujourd'hui, les rôles sont changés: ce sont les juges qui redoutent les criminels;

quand ils sont en face des coupables, ils se hâtent de les rassurer; la main sur l'épaule ils leur disent : Calmez votre colère, apaisez votre douleur, nous avons des remèdes pour tous les maux. Voyez cette table sacrée, sur laquelle nous jurons tous les ans de rendre justice : eh bien! sous cette table existe une loi inappréciable, comparable au rameau d'or qu'a si longtemps cherché le fondateur de Rome; elle est d'invention moderne; elle est due au siècle des lumières! C'est le daguerréotype de la conscience des criminels qu'on nous amène : oui, elle appartient à ce siècle où tant d'hommes, grands et petits, jettent au même foyer le feu inextinguible de la raison universelle et indéfinie; cette loi nous prescrit de rendre justice impunément par toute la terre. Elle s'appelle.... devinez... Elle s'appelle *atténuante*; oui, *atténuante*, car elle atténue tellement, qu'on perd toujours de vue les crimes, excepté les délits infâmes de la presse, des lettres pastorales, des circulaires religieuses que des hommes, chargés d'instruire l'univers, se permettent de composer à cet effet; dans ces cas effrayants, nous employons tous les instruments de l'optique, fussent-ils de l'invention même d'Herschell.

D'ailleurs ne serait-il pas cruel de châtier un coupable? de punir un membre de la société? C'est la société elle-même qui est le vrai coupable? Allez, retirez-vous, aveugles magistrats ; faites place à des hommes qui comprennent mieux leurs devoirs que vous ; laissez jeter de l'eau sur l'immense incendie qui s'élève de toutes parts sur la surface européenne ; ne plongez pas la société dans le gouffre de tous les maux, en épargnant le criminel : car tout homme qui nuit volontairement à ses semblables, mérite châtiment; je ne vois pas où se trouve la raison de renvoyer absous un tel homme, et je ne sais non plus pourquoi on ne voudrait pas garantir ainsi le repos universel, et assurer la justice due aux individus qui composent le reste de la société.

Magistrats, écoutez-moi, consolidez le repos public, garantissez la propriété, faites respecter le droit individuel que vous êtes chargés de maintenir ; et, sachez-le bien, jusqu'à ce ce que vous ayez rempli ce mandat sacré, jamais la société ne vous déliera de vos serments, et vous serez éternellement sous la responsabilité infinie qui pèse sur vous. Si vous êtes infidèles, si vous laissez lacérer le bien public et particulier, vous répondrez, devant Dieu et devant les hommes, des maux qui naissent tous les jours de la faiblesse de la justice, et surtout de l'émeute, qui s'y trouve si heureuse.

Mais, dites-vous, nous ne méritons pas vos reproches, et votre virulente mercuriale ne nous atteint pas : car ce n'est pas nous qui avons fait ces lois dont vous vous plaignez, ce sont les Chambres; dirigez vos traits de ce côté-là. Ah! les Chambres! mais, avouez-le, l'esprit qui anime les Chambres, n'est-ce pas votre esprit? la pensée des Chambres, n'est-ce pas votre pensée? ne jouez-vous pas tous de concert la comédie sociale depuis tantôt un demi-siècle? Les Chambres! mais la plupart d'entre vous font partie des Chambres, en sont même l'artère principale! mais vous y étiez quand ces lois ont été discutées et votées! mais, si vous aimiez moins la popularité, si vous ne couriez pas après les suffrages plébéiens, vos verdicts n'en souffriraient nullement.

Ah! ce n'est pas ainsi que les Seiguier et les Daguesseau comprenaient la magistrature. Il est vrai que l'on envoyait dans le temple de la justice l'image du Témoin invisible de ses jugements. Le soleil de Juillet a exercé sa fécondité native, en l'éclipsant avec tant de rapidité. Eh bien ! pour vous prouver sans réplique que la faiblesse des lois et de la justice enfante le désordre, l'émeute, je vais citer des paroles inattaquables ; le palais Bourbon en a retenti naguère : car il s'agit encore d'affaiblir ces lois déjà si faibles, et la terre n'aura pas tourné trois fois sur elle-même que messire Guizot aura fait basculer en sa faveur les quatre cents machines du palais susdit.....

M. Peyramont s'exprime ainsi [1] : « Est-on bien venu à vouloir accuser nos codes de rigueur, dans un temps où tous les esprits éprouvent une tendance si fatale à l'indulgence et à l'atténuation des plus grands crimes contre les personnes et les propriétés ? est-ce quand cette atmosphère de faiblesse et de relâchement pèse *sur tous ceux qui concourent à l'administration de la justice ;* est-ce quand *on cherche à disculper les plus grands coupables,* en rejetant leurs crimes sur la société, qu'on a raison de désarmer la justice et d'affaiblir les moyens de répression ? Aussi, dans quel ef-

[1] Séance du 11 avril 1842.

frayant progrès la criminalité n'a-t-elle pas monté ces dernières années ! »

D'après les calculs de M. de Tocqueville, le préopinant a établi que les crimes contre les personnes et les propriétés ont augmenté d'un dixième. « Nos bagnes, dit-il, ont leurs chambrées de parricides et d'empoisonneuses, car la fausse philanthropie qui a surgi dans ces dernières années, ne se contente pas de faire acquitter ces monstres, elle les suit dans les prisons, elle enlève aux peines leur caractère, et adoucit autant que possible leur rigueur. Aussi, ceux qui sortent, quand leur libération arrive, n'ont rien de plus pressé que d'y rentrer ; ceux qu'on traitait comme ne sont pas traités les honnêtes artisans de nos campagnes et de nos villes, en présence des chances et des privations de la vie laborieuse, s'empressent de rentrer dans le repos et dans l'abondance de la geôle. »

L'orateur prouve, par des calculs, que depuis les améliorations philanthropiques de 1830, le nombre des détenus rentrés dans les prisons, en l'espace de deux ans, a dépassé de 140 le chiffre de ceux qui, en huit années, s'étaient fait réincarcérer sous l'ancien régime des prisons.

M. de la Tournelle fait les réflexions suivantes : « Les crimes, dit-il, et surtout les délits, ont augmenté depuis 1835 dans une proportion effrayante : le nombre des attentats contre la propriété a augmenté de 150 pour 100 : c'est la mesure du désordre général. En 1825, la somme des contraventions de toute nature était de 288,000 fr. ; en 1838, elle a été de 1,418,000 fr. Il y a affaiblissement de la répression criminelle, et par conséquent diminution des garanties sociales. »

Lecteur, réfléchissez : la machine non-seulement crie, mais elle se rompt. L'émeute arrive ; elle est arrivée !

CHAPITRE XIV.

L'ÉMEUTE est l'athéisme social; c'est la négation de tout principe d'unité; c'est la rupture de tous les liens qui forment l'union sociale; et, partant, dès qu'elle règne, elle anéantit la richesse, la liberté et la moralité, les trois bases constitutives de toute société. C'est cet anéantissement qui est le but final de l'émeute. Ce qui la retient dans l'état actuel de la société, ce n'est que le châtiment infligé par la loi à l'émeutier; voilà la seule barrière qui lie la main de l'homme de désordre; or, nous venons de voir que cette barrière sera bientôt rompue, parce que les lois, si inertes aujourd'hui, n'atteignent que faiblement l'émeutier: nous en avons vu la raison. Il faut à toute loi la sanction religieuse ; il faut que le transgresseur voie un Dieu vengeur de son crime ; car n'est-il pas évident que toutes les fois qu'il pourra envelopper son crime d'assez de ténèbres pour n'être pas connu des hommes, il se livrera sans retenue à tous les forfaits que ses intérêts ou ses passions lui conseilleront.

Des lois athées ! quelle horreur ! quel effrayant avenir elles vont ouvrir aux générations ! Jamais on n'a vu un pareil scandale dans l'univers. Nulle nation ne s'est ainsi dégradée ! nul peuple n'a vécu sans Dieu, sans l'Être souverain qui sanctionne toute législation humaine. Il a été réservé à quelques épicuriens français de formuler une loi athée, de proclamer en face du soleil une monstruosité digne d'appeler sur les hommes *à qui il a été donné de prévaloir*, la malédiction de tous les siècles à venir. Le souffle de l'abîme a passé dans l'esprit de ces hommes, et soudain ils ont parlé le langage de la mort des peuples : ce langage est la proclamation de l'athéisme des lois. Ils ont tellement craint de s'approcher trop près de Dieu, qu'ils ont mieux aimé le nier, ou nier son domaine souverain, que de le rendre participant de la législation humaine.

Hé! vous ne cessez de nous reprocher le droit divin; je n'en doute pas, vous ne l'avez jamais compris ce droit divin; vous avez si souvent entendu prononcer ce mot avec dérision, que vous le blasphémez sans en comprendre le sens. Vous avez lancé l'arrêt de l'ostracisme sans cause et sans intelligence, sur la seule parole d'hommes rongés par l'envie, qui vous pressaient de le faire. Qu'est-ce donc que ce droit divin, tant calomnié? Ce droit est *le droit de Dieu sur la société.* Voilà, vils détracteurs! voilà ce que nous entendons par droit divin, le droit souverain de régir les hommes; et quand nous disons qu'un prince règne de droit divin, nous disons que Dieu intervient au moment où ce prince prend les rênes de l'Etat, et que dès-lors son pouvoir est sanctifié de Dieu lui-même. On confond sans cesse le droit divin avec la théocratie qui n'a jamais existé que chez les Hébreux, parce que là seulement elle s'exerçait matériellement. On affecte malicieusement de tout confondre, afin de pouvoir plus sûrement établir l'erreur sur les ruines de la vérité.

Si Dieu règne sur la société (les enfants d'Epicure le nient, et nous ne leur envions pas cette gloire fangeuse), si, disons-nous, Dieu règne sur la société, il est évident que toute législation dérive du ciel, et que l'homme doit se soumettre aux lois par crainte non-seulement de l'épée du souverain, mais par crainte de Dieu, suprême législateur de l'univers. Voilà les seuls principes avoués par la raison ; voilà la base de l'ordre social et des actions des hommes. Craignez Dieu, et vous serez un citoyen parfait.

Quel malheur donc pour une société, pour un peuple qui n'est réglé que par des lois athées ! Quelle sanction pour enchaîner le bras homicide qui frappe jour et nuit ses semblables ! Oh ! pour prouver que les lois athées renversent la société, je n'ai qu'à examiner les effets qu'elles produisent ; je n'ai qu'à voir les prisons, les bagnes regorger de détenus, de forçats ; je n'ai qu'à peser le poison qui se vend de toutes parts, les suicides, presque inconnus dans les temps anciens, les crimes de sublime cruauté, la soif universelle des forfaits, les régicides toujours renaissant, l'affreux spectacle de l'impassibilité des criminels. Voilà, hommes de progrès et d'athéisme, voilà les lamentables résultats des lois athées, dignement couronnés par l'émeute :

ces monstres n'appartiennent qu'au dix-neuvième siècle ; du moins leur effrayante multiplication lui est exclusive, et ils croîtront encore jusqu'à ce qu'une main divine vienne renouveler la face de la terre.

Ce qui frappe d'étonnement et de terreur, c'est que tous les principes de désorganisation sont propagés, défendus sans mesure par des hommes qui se disent, et peut-être se croient les meilleurs amis de l'ordre social. Je veux parler de certains organes de la presse, de cette presse aveugle qui a creusé à la France un tombeau si profond que je désespère de le voir jamais rempli. N'en doutez pas, *les Débats*, *le Constitutionnel*, *le National*, *le Courrier*, et tant d'autres Juliens modernes, ont meurtri la France de tant de plaies, qu'elle est dans le plus grand danger de succomber à ses douleurs. La première erreur de ces hommes est d'avoir vendu leur plume à des partis, à des coteries qui ne sont pas la France, telle qu'on l'a comprise jusqu'ici, et telle qu'elle doit l'être ; la seconde est d'être assez abondant en fiel pour en couvrir sans pudeur tous les amis de l'ordre et du bonheur de leur patrie. C'est dans ces hideux souterrains, dans ces infernales imprimeries, mues par le génie de la destruction, que se forgent les haches effilées qui renversent les principes de la régénération sociale. La rage de ces journalistes s'étend sur la France entière ; elle console l'italien de Strasbourg, comme l'athée de Toulouse. Il ne manque à ces géants que des bras assez forts, pour lancer des montagnes contre leurs ennemis : c'est le combat narré par Milton.

Qu'un homme consciencieux, ami de son pays et de la saine morale, vienne à élever la voix contre eux, les voilà soudain sous les armes, ils se rangent en bataille pour fondre sur l'ennemi, ne goûtant de repos que lorsque le sang a coulé ; et quand leur fureur est impuissante à se satisfaire, ils courent se jeter aux pieds du ministère ; ils se lamentent à genoux ; ils se déchirent les entrailles et obtiennent, par leurs pleurs, des ordonnances ou des circulaires qui neutralisent les salutaires effets de la voix de la vérité. Quand donc cesseront les hallucinations de ces prestigiateurs ? quand cesseront-ils de briser sous leurs pieds les droits de la raison ? jusqu'à quand vous sera-t-il *donné* de *prévaloir*, tristes et lamentables oracles du mensonge ? Journalistes-comédiens, travaillez au bonheur de la

France ; vous êtes assez riches, il est temps de penser à réparer les maux que vous avez causés à votre patrie. Je ne vous demande pas des principes religieux, vous ne pourriez que les mépriser ; mais si votre *bosse,* ou la proéminence de l'os frontal le permet, comblez chaque jour d'un peu de terre le sépulcre que vous avez creusé à vos contemporains, et les malédictions de la postérité pèseront moins sur vous, et l'émeute ne dansera pas sur votre tombeau !

CHAPITRE XV.

On ne saurait assez se convaincre que tout l'avenir de la société dépend de l'enseignement donné à la jeunesse. Chacun le dit, chacun le croit, et cependant cet enseignement n'a jamais été plus désastreux qu'il ne l'est aujourd'hui. La haine et les préjugés ont jeté sur certains gouvernements un voile si ténébreux, et la cécité est si profonde, qu'ils ont ravi avec fureur au clergé l'influence que sa mission divine lui accorde sur tous les esprits; et plutôt que de confier aux ministres sacrés la direction, au moins secondaire, de la jeunesse, ou de créer une direction mixte, on aime mieux jeter la génération naissante dans un gouffre sans fond et sans issue ; aussi elle grandit privée de toute foi religieuse, de tout principe de moralité. Mes paroles ne sont que trop véridiques. Il a été réservé à la fureur philosophique et à la faiblesse du gouvernement, de tromper les peuples, de proclamer le règne de l'erreur et de l'immoralité qui en est la suite. Attendez que les dignités, les emplois et les charges soient devenues le partage de la jeunesse actuelle, et vous verrez s'il existera encore quelque étincelle de vérité, quelque maxime de morale et de religion. Non ! non ! le nuage de l'erreur et de l'athéisme borde l'horizon dans toute son étendue, et la nuit ne doit pas tarder de nous envelopper de ses ailes devenues des murs d'airain pour la société. On a tant méprisé, calomnié les maîtres fournis par l'Eglise, qu'on est enfin parvenu à les jeter dans les gémonies qu'un siècle entier leur a préparées.

Qui a causé un si grand malheur? Ce sont les prétendus régénérateurs de la société, ces hommes de destruction qui ont juré, sur l'autel de la mort, que la religion périrait par leurs mains, et qu'elle allait recevoir le dernier coup de lance; que son agonie répondait déjà de son trépas.

Mais ces menaces ne nous affligent point, car la foudre se fait en ce moment autour du trône de l'Eternel, et c'est de là qu'elle partira pour anéantir les ennemis de l'ordre et de la vérité. Ce qui nous afflige, ainsi que tous les hommes de bien, c'est de voir que tant de maux pèsent sur la société comme une nuée brûlante qui imprime une plaie universelle à la génération naissante; c'est de voir que l'impiété brise contre la pierre tant de jeunes cœurs destinés à une vie de bonheur et de jouissances toujours croissantes; c'est de voir enfin que les enfants de Dieu, emportés par les flots des temps actuels, ne puissent pas même se réfugier dans le port infini où tous les peuples trouvent le salut. L'ombre de la mître épiscopale, seule capable de rafraîchir les âmes brûlées par les crimes du siècle, est ravie à la jeunesse qui veut goûter la vertu et en pratiquer les maximes. Aussi cette infortunée jeunesse est jetée violemment dans le sentiment de toutes les iniquités, et dans la dégradation la plus lamentable et la plus universelle. De pareils maux devraient, ce me semble, appeler l'attention d'un gouvernement qui se croit préposé au bonheur des peuples et aux sages progrès de l'humanité.

Que peut produire, en effet, un enseignement dont la religion n'est pas la base essentielle? un enseignement anti-religieux? Car, on ne peut pas se méprendre sur l'esprit de l'université, et, partant, des colléges de France. N'y a-t-il pas des chaires de *pestilence* à Strasbourg, à Toulouse, à Paris et ailleurs? ne sait-on pas que la fête de la St.-Charles a ouvert le premier théâtre de l'immoralité à l'un des principaux établissements de la capitale? s'assure-t-on de la moralité des instituteurs des écoles primaires et des professeurs admis à instruire la jeunesse? Non, jamais, non, nulle part; la forme a lieu, il est vrai, mais on s'en tient à cette forme. Les maires intronisent le maître de village; on n'ignore pas quel esprit anime la plupart de ces chefs plébéïens; et si vous voulez avoir une juste idée de la direction suprême des études, il suffit de nommer un Villemain, un Cousin, un Damiron et autres, dont les sentiments sont la ruine de la religion, et, partant, des mœurs de la France.

Croyez-vous que ces démolisseurs rougissent de leur conduite? Oh! non; trop de flétrissures sont passées sur leur front, pour que la pudeur y monte encore! ils ricanent sur les justes plaintes de l'Episcopat, des gens de bien, des pères de famille, qui tous ensemble pleurent sur la ruine de la patrie, de la société privée et publique, et, j'ajoute, la ruine de l'Europe : car, le bonheur des peuples de l'Europe, l'Angleterre exceptée, a jusqu'ici dépendu de la France. Je lui dois cette louange, à cette France autrefois si brillante de splendeur et de gloire. Ces hommes de nivellement, s'ils mettaient en vigueur les principes fondamentaux de l'Université, ils se montreraient dignes de leur haute vocation, et feraient véritablement le bonheur des peuples ; mais ils ne veulent que briser à jamais les liens religieux et sociaux. Voici le texte du décret du 16 mars 1808, article 38 : « Toutes les écoles de l'Université royale prendront pour base de leur enseignement les *préceptes* de la religion catholique, et l'obéissance aux statuts du corps enseignant, qui *tendent à former* pour l'Etat des citoyens attachés à la religion. » Le seul commencement d'exécution donné à cet arrêt, est la nomination des membres de la commission ecclésiastique.

Or, je le demande, quelles seront les suites fatales d'un enseignement athée (ne raturez pas mes paroles, car elles ont été mises à la balance de la vérité)? Elles sont incalculables, elles font horreur! elles paraissent sur l'horizon de la France comme une montagne infinie de lave qui va l'ensevelir, elle et l'Europe toute entière, à moins que le témoin suprême des calamités humaines n'ouvre les nues, et ne verse toutes les eaux du ciel sur l'immense incendie qui nous enveloppe de toutes parts.

Je vois, je vois arriver à la suite de l'enseignement athée l'émeute furieuse et délirante; elle déchire tout ce qu'elle rencontre, elle enfonce ses dents homicides dans toutes les veines du corps social; elle pousse des cris d'une joie féroce, franchissant à la fois les palais et les temples, s'applaudissant de voir enfin présent le dernier jour de la société; elle montre avec orgueil ses bras ensanglantés, et se réjouit sans mesure d'avoir détaché, dans toute leur longueur, les entrailles d'une génération qui se meurt et qui s'éteint; ainsi l'émeute va régner, ainsi son trône de sang va s'élever, ainsi couleront des fleuves d'horreur et d'universelle destruction. Voilà l'œuvre des conciliabules modernes, eux qui voulaient régénérer l'homme en élevant au haut des airs le sceptre du néant.

CHAPITRE XVI.

LES deux sources de la véritable régénération sociale, et les seules qui puissent faire renaître la société de sa cendre, consistent, comme je l'ai dit, à apaiser la faim de l'indigent, et à implanter la vertu dans le cœur de toutes les masses populaires, des travailleurs, des industriels, de tous ceux enfin qui aujourd'hui ne savent plus distinguer le ciel de la terre. La *religion*, du pain ! voilà tout le secret de la régénération ! voilà l'unique moyen de rendre l'homme heureux ! La religion par l'*Eglise*, et le pain par le *travail*, le travail agricole surtout, c'est l'ordre de Dieu : « Tu mangeras, dit-il, le pain à la sueur de ton front. Le pain, sans la religion, change l'homme en bête, à qui il ne reste plus qu'à revêtir les sanguinaires insignes des animaux sauvages. La religion sans le pain est insuffisante, ou mieux, c'est la religion qui prescrit impérieusement le travail, qui produit le pain, et, il est vrai de dire, que la religion n'est pas entière sans le travail.[1] Que les régénérateurs de tous les siècles, que tous les gouvernements de l'univers, que tous les sages du monde courent tant qu'il leur plaira à la recherche de nouveaux remèdes contre les maux qui pèsent sur la société, je les défie d'en découvrir aucun, et de jamais faire le bonheur de l'homme, tant qu'ils n'envisageront la grande science sociale que sous des points de vues isolés, comme ils l'ont toujours fait. Ce n'est pas avec un milieu à facettes qu'il faut la considérer, mais il faut ouvrir les yeux véridiques et fidèles de la nature, et étudier l'ensemble de tous les besoins sociaux, aussi bien que les remèdes, qui conviennent à tous et à chacun d'eux.

J'ai proposé mes pensées sur l'émeute et le paupérisme ; je dois ajouter aux moyens qui

[1] Qu'on refuse le pain à celui qui refuse de travailler. Saint Paul.

m'ont paru les plus propres à guérir ces deux plaies caractéristiques de notre époque, la régénération par la religion. Mais comme l'Église est l'organe de la religion, je vais consacrer quelques lignes à discuter *l'état* de l'Eglise ; je désire qu'on me lise sans passion comme sans préjugés : car ma seule pensée est de travailler à être utile, sans distinction de *Juif*, ni de *Gentil*, de *Grec*, ni de *Barbare*. La volonté, je d'ai ; les moyens, je les propose.

J'ai dit que l'Eglise est l'organe de la religion. Mais qu'est-ce que l'Eglise, quel est son domaine, sa mission et son mode d'action ? comment doit-elle régénérer la société actuelle? Tel est l'immense procès européen, telle est la cause la plus solennelle qui se soit jamais plaidée dans les assises humaines. Le programme du siècle, de la puissance civile, est de *nationaliser* l'Eglise, et, partant, de regarder tous les ministres, depuis l'humble acolythe jusqu'aux princes mêmes de cette Eglise (si prince il y a encore), comme des fonctionnaires de l'Etat. La pensée du gouvernement civil est là tout entière ; par intervalle on laisse à l'Eglise une forme de gouvernement spécial, mais c'est une déférence qui ne prouve rien. D'ailleurs, on s'explique assez ouvertement et par des faits et par des paroles. Naguère le principal organe du ministère français a formulé cette maxime (et cette usurpation gouvernementale aura une clarté plus lumineuse que le jour) au sujet de la mémorable lettre pastorale de Mgr. Affre, appelant au temple du Dieu des chrétiens les fidèles qui ont encore des larmes à verser sur la triste et lamentable Espagne.

On sait que la religion catholique seule maintient son existence pure de tous mélanges exotiques, résultant des inventions humaines. On peut dire à tous les Pharaons du siècle présent que le doigt de Dieu est ici, comme dans le palais où il fermait la bouche aux vils prestigiateurs de ces temps de vieux malheurs. Voyez d'abord cette pauvre Eglise grecque : quelle stérilité dans ce prétendu sénevé évangélique! nulle part il ne germe, nulle part il ne fend le sol qui le couvre; tandis que le véritable grain, celui que sème la main du pontife de Rome, s'élève, s'étend sans mesure; sous ses branches s'abritent tous les oiseaux du ciel; l'ombre de ses rameaux se projette dans toutes les plaines, dans tous les vallons de l'univers. Considérez donc attentivement ces enfants des Photius et des Cérulaires : quelle Eglise stérile et desséchée! quelle ignorance[1] ! quelle stupidité dans les peuples et leurs ministres ! les abus, les désordres et les excès sont au-dessus de toute pensée humaine ; depuis bien des siècles elle n'a plus ni conciles, ni docteurs qui méritent quelque attention. « Si l'on fait le parallèle, dit Montesquieu[2], du clergé grec avec le clergé latin, si l'on compare la conduite des papes avec celle des patriarches de Constantinople, l'on verra des gens aussi sages que les autres étaient peu sensés. » Cette infortunée Eglise grecque est dépouillée de tout principe de fécondité. Non, ni les eaux du Bosphore, ni celles du Volga ne pourront jamais se purifier assez pour refléter fidèlement l'image du catholicisme, et féconder ainsi les générations futures jusqu'à la consommation des siècles. C'est sur cette Eglise que retombe cette triste vérité de St. Paul : « Elle est dans l'esclavage avec ses enfants.[3] »

Le protestantisme n'est pas plus l'Eglise que la société excentrique de Bysance, dont l'autocrate de St.-Petersbourg est le pape de

[1] Mémoires du baron de Tott.
[2] Grandeur et Décadence des Romains, p. 22.
[3] Servit cum filiis suis. Gal. IV.

fait et de *droit*. Toute la religion des protestants se réduit à ces véridiques *paroles* de Jean-Jacques Rousseau, leur coréligionnaire; il les connaissait; nous pouvons donc l'en croire, et ils n'ont pas prouvé leurs progrès religieux depuis.... « Les ministres protestants, dit-il, et, partant, leurs troupeaux, ne savent pas ce qu'ils croient, ni ce qu'ils veulent, ni ce qu'ils disent. On leur demande si Jésus-Christ est Dieu, ils n'osent répondre... on leur demande quels mystères ils admettent, ils n'osent répondre; leur intérêt temporel est la seule chose qui décide de leur foi. On ne sait ce qu'ils croient, ni ce qu'ils ne croient pas; on ne sait pas même ce qu'ils font semblant de croire. La seule manière d'établir leur foi est de combattre celle des autres.[1] » Voilà le protestantisme peint dans toutes ses phases, dans toutes ses infinies ramifications à Berlin, à Genève, à Washington comme à Londres : *on ne sait ce qu'on fait semblant de croire*. Ceci est historique, et par conséquent incontestable. Toute la colère de ces nouveaux Ismaëls ne détruira pas la vérité de ces paroles.

L'organe de la vraie religion, ou l'Eglise,

[1] Onzième lettre de la Montagne.

est donc l'Eglise romaine ; c'est elle qui est la barque indestructible que tous les écumeurs de mer s'acharnent à poursuivre depuis dix-huit siècles ; c'est elle que tant de corsaires publiques cherchent à anéantir dans tout l'univers. Vains efforts! L'Eglise, œuvre de Dieu et non des hommes, ne périra jamais! elle est vulnérable, mais elle est guérie plutôt que blessée. Que de bras l'ont frappée! que de mains lui ont meurtri la face! depuis l'officier de Caïphe jusqu'aux mandarins du siècle des lumières, que de sanglants outrages! depuis le sang qui baigna le Calvaire, jusqu'au sang des pilates d'Espagne, que de veines ouvertes, que d'artères déchirées! Et cependant cette Eglise est vivante, elle vivra toujours, parce qu'elle est immortelle. Brisez donc, oui, brisez votre épée, enfants de l'erreur et de la cruauté, ministres d'injustice, Machiavels de tous les siècles; et vous, monstrueux nourrisons de la philosophie, science autrefois sacrée, aujourd'hui ensevelie dans la boue, brisez aussi votre plume et purifiez votre langue, l'Eglise est immortelle, l'histoire vous le dit : vous et vos neveux heurterez du front la pierre de votre tombeau, qu'elle brillera toujours du même éclat!

CHAPITRE XVII.

LES continuels efforts des politiques modernes tendent visiblement à nationaliser l'Eglise. On vient de voir que l'Eglise romaine existe seule par *elle-même*, et qu'elle est ainsi toujours pure de tout mélange étranger à sa nature divine : c'est qu'elle est son tribunal à elle-même, et qu'ainsi elle conserve sa pureté et son unité. En effet, sa constitution est essentiellement indépendante du pouvoir temporel ; son divin fondateur a promis de la régir lui-même, d'être avec elle chaque jour ; il parle par son chef visible et par les évêques, qui seuls forment l'Eglise enseignante. Il n'est pas en leur pouvoir de laisser *entrer l'Etat dans l'E-*

glise.[1] Ils sont établis par Jésus-Christ, non pour laisser gouverner l'Eglise, mais pour la gouverner eux-mêmes. Malheur à ceux qui transigeront avec leur divine mission! ils se sortiraient alors de l'Eglise, et deviendraient des branches stériles. Jésus-Christ a voulu que l'Eglise fût son tribunal à elle-même, s'administrât elle-même; il lui a donné le droit de faire exécuter les lois qu'il lui avait prescrites, le droit d'en établir de nouvelles, quand elle le jugerait nécessaire, le droit de punir ceux qui n'obéiraient pas à ses ordonnances. C'est là l'origine du pouvoir de l'Eglise, dont son divin fondateur a confié le dépôt à ses apôtres, pour être transmis à ceux qui seraient chargés de gouverner l'Eglise après eux, jusqu'à la consommation des siècles.

« Allez donc, dit-il, enseignez toutes les nations; baptisez-les au nom du Père, du Fils et du Saint-Esprit. Apprenez à tous les peuples à observer tout ce que je vous ai prescrit. Je suis avec vous jusqu'à la consommation des temps.[2] Que ceux qui refusent d'é-

[1] Posuit episcopos regere ecclesiam Dei.

[2] Matth. cap. XXVIII, v. 19; cap. XVIII, v. 17. — Luc. cap. X, v. 16.

couter l'Eglise, soient regardés comme des païens et des publicains. Celui qui vous écoute, m'écoute ; celui qui vous méprise, me méprise, et le mépris retombe sur celui qui m'a envoyé. »

Il est donc bien évident que l'Eglise forme une société spéciale, indépendante, soumise uniquement à son chef invisible, ainsi qu'aux premiers pasteurs qui ont remplacé les apôtres. Le pouvoir civil est donc un intrus aussi déraisonnable que criminel, quand il brise la barrière qui le sépare de l'Eglise, et qu'il ose profaner le sanctuaire divin, où il ne peut jamais entrer sans violer les droits les plus imprescriptibles et les plus sacrés. Le mépris qu'il fait alors de l'Eglise retombe de tout son poids sur Jésus-Christ lui-même, première base de cette immortelle société. La servitude de l'Eglise! c'est là le crime de tous les gouvernements qui s'efforcent de la nationaliser. Cette usurpation sacrilége étend tous les jours ses ravages en Europe, pour le malheur des peuples et des gouvernements eux-mêmes.

Je sais que Jésus-Christ a dit que son royaume n'était pas de ce monde ; mais, qu'on entende bien ces paroles, elles signifient seulement que son royaume, et, partant, celui de l'Eglise, n'est pas un royaume qui embrasse les intérêts temporels de la terre : car l'Eglise ne règne point à la manière des princes, par la force des armes, par la terreur des peines afflictives, par la distribution des dignités et des récompenses temporelles; elle ne porte pas des lois civiles et politiques; mais son empire, quoique spirituel, *s'exerce sur des hommes;* sans être de ce monde, *il est dans ce monde;* il ne se borne pas au temps présent; mais enfin il est passagèrement sur la terre, et ne peut *régir* des hommes que par des *choses extérieures et sensibles*. Toute spirituelle dans sa fin, l'Eglise, société d'hommes, est donc nécessairement *extérieure dans ses moyens*.[1]

[1] M. Frayssinous, Vrais Principes de l'Eglise gallicane, p. 18-19.

CHAPITRE XVIII.

MAIS quels sont les droits de l'Eglise, quelles sont les limites de son pouvoir, comme autorité divine et indépendante? Ecoutez-moi, les voici. L'Eglise a, par elle-même, et *seule elle-même*, le droit de décider toutes les questions de doctrines, soit sur la foi, soit sur la règle des mœurs; elle a le droit d'établir des canons et des règles de discipline pour sa conduite intérieure, d'en dispenser dans quelques occasions particulières, et de les abroger quand le bien de la religion le demande; elle a le droit d'établir des pasteurs et des ministres pour continuer l'œuvre de Dieu, jusqu'à la fin des siècle, et pour exercer toute juridiction; et elle peut les destituer, s'il est nécessaire. Elle a le droit de corriger tous ses enfants, leur imposant des pénitences salutaires, soit pour les péchés secrets qu'ils confessent, soit pour les péchés publics dont ils sont convaincus. Enfin, l'Eglise a le droit de retrancher de son corps les membres corrompus, c'est-à-dire les pécheurs incorrigibles qui pourraient corrompre les autres. Voilà les *droits essentiels* à l'Eglise, dont elle a joui sous les empereurs païens; droits qui ne peuvent lui être ôtés par *aucune* puissance humaine, quoique l'on puisse quelquefois, par voies de fait et par force majeure, en empêcher l'exercice. [1]

En vain dira-t-on que l'Eglise est dans l'Etat. L'Eglise est dans l'Etat pour obéir aux princes dans tout ce qui est temporel; mais quoiqu'elle se trouve dans l'Etat, elle n'en dépend jamais par aucune fonction spirituelle: car le monde, en se soumettant à l'Eglise, n'a pas acquis le droit de l'assujétir. [2]

Tous les Etats où l'on professe la véritable religion, c'est-à-dire le catholicisme, sont gouvernés par deux sortes de puissances : par la puissance temporelle, et par la puissance

[1] Fleury, Instit. ou Droit ecclés. part. 3, ch. 1.
[2] Fénélon, Discours pour le Sacre de l'Electeur de Cologne.

spirituelle, que Dieu a établies pour en régler l'ordre ; et comme l'une et l'autre ont leurs fonctions distinguées, et qu'elles tiennent immédiatement de Dieu leur autorité [1], elles sont indépendantes l'une de l'autre. [2]

Je voudrais que la plupart des princes chrétiens entendissent les immortelles paroles adressées au premier César catholique : « Prince, disait le célèbre Osius à Constantin, abstenez-vous de régler les choses de la religion, et ne nous commandez pas à cet égard ; Dieu vous a donné l'empire, et à nous le gouvernement de l'Eglise ; et de même que celui qui entreprendrait sur votre autorité, résisterait à l'ordre de Dieu, de même, si vous attiriez à vous les droits que l'Eglise a reçus d'en-haut, vous mettriez un grand poids sur votre conscience, car il est écrit : Rendez à César ce qui est à César, et à Dieu ce qui est à Dieu. [3] »

Maintenant, qu'est-ce que l'Etat, dont le mot retentit si souvent dans la bouche des oppresseurs de l'Eglise, et dont ils se servent chaque jour pour fasciner les yeux des hommes pour qui les mots seuls exercent tant de

[1] Donat, Droit public, liv. I, tit. 19, sect. 9, n° 1.

[2] J'ai expliqué plus haut le vrai sens du mot *droit divin*.

[3] St. Athanase, Epist. ad Sol. Vit. agentes.

prestiges? L'Etat, dans son mécanisme, n'est que l'ensemble des rapports qui existent entre les citoyens qui le composent; ces rapports ont pour principe les devoirs réciproques des membres de ce corps moral, appelé l'Etat; or, ces devoirs tombent *nécessairement* dans le domaine de la religion; car ce serait une monstruosité de dire que la morale qui doit présider à tous les actes des citoyens, est étrangère à leur croyance. L'Eglise étant donc l'organe de la religion, fondement des actions des hommes, il en résulte que la religion est la première base de l'Etat, et l'Eglise son complément nécessaire. Il n'y a donc pas, à proprement parler, une séparation *naturelle* entre l'Eglise et l'Etat; mais ce sont deux pouvoirs obéissant à la même unité suprême, Dieu, de qui émane toute autorité. L'exercice de ces deux puissances et leurs rapports extérieurs, sont déterminés par les besoins de chaque siècle.

Dans les premiers siècles du christianisme, l'Eglise se trouvait dans un état qui excluait tout rapport régulier avec la puissance temporelle. Quand les empereurs romains eurent embrassé la foi chrétienne, ils permirent à l'Eglise de posséder des biens; ils la dotèrent de priviléges. Charlemagne, le héros de la civilisation occidentale, profitant des avantages de tous genres que l'Eglise lui fournissait, lui accorda en retour une supériorité fort étendue; mais, qu'on ne l'oublie jamais, *les gouvernements temporels reçurent de l'Eglise plus qu'ils ne lui accordèrent.* Il me serait facile de le prouver par l'histoire civile et ecclésiastique, mais je sortirais trop visiblement de mon sujet.

Comme la régénération sociale ne peut se faire que par l'Eglise, je ne puis assez faire connaître cette Eglise, que l'on calomnie autant par ignorance que par méchanceté : je n'ajoute plus que quelques lignes à ce que je viens de dire.

Sans doute l'Etat ne doit pas blesser l'Eglise; c'est assez et trop qu'il l'ait dépouillée par la plus sanglante des injustices, qu'il lui ait cruellement ravi les biens, les propriétés acquises si justement par tous les droits de l'humanité, munies du sceau de toutes les lois divines et humaines. On a tant déclamé contre le prétendu abus de la juridiction ecclésiastique, que les évêques peuvent à peine, au grand malheur des peuples, obtenir qu'il existe quelques rapports entre l'Eglise et l'Etat.

Ah! si je demandais aux spoliateurs sacriléges des droits de l'Eglise, si je leur disais : Où sont les garanties que l'Etat fournit contre les abus qu'il peut commettre? quel rempart s'élève entre l'exercice de votre prétendue justice, et l'excès de votre juridiction? quand vous arrêterez-vous pour nous dire : Là est votre abus, ici *le nôtre?* vous resteriez muets sans doute. Mais, à dire vrai, il n'y a en vous que mauvaise foi, injustice et orgueil : voilà le mobile secret de vos usurpations toujours croissantes des droits de l'Eglise.

Oh! sachez-le, l'Eglise peut faire le sacrifice des formes, mais jamais celui de son pouvoir, de ses principes ; si on lui lie les mains, si on lui ferme injustement la bouche, elle se replie sur sa conscience, jusqu'au moment où une épée divine, effilée au ciel, vienne rompre les liens de sa captivité.

Je dirai enfin que pour administrer, il faut avoir une mission ; or, le gouvernement n'a ni la mission ni le caractère sacerdotal, et, comme le proclame Bossuet, « rendre la puissance des pasteurs dépendante, dans son exercice et ses fonctions, de la puissance temporelle, c'est faire l'Eglise captive des rois de la terre, la changer en corps politique, et rendre défectueux le céleste gouvernement institué par Jésus-Christ ; c'est mettre en pièces le christianisme, et préparer la voie à l'antechrist. » Si le pouvoir politique avait le pouvoir de statuer sur les règles de la morale, sur le dogme, sur la liturgie, il y aurait autant de législation, autant de formulaires, autant de règles qu'il y a de gouvernements catholiques dans le monde ; or, cela même est une contradiction avec le catholicisme, avec son unité, avec son universalité. L'Eglise doit donc être indépendante de l'Etat. Reste à examiner comment l'Eglise doit opérer la régénération sociale.

CHAPITRE XIX.

L'ÉGLISE seule peut régénérer la société dans l'état de marasme où elle est tombée. Aucun observateur ne niera que la société européenne ne s'abîme de toutes parts. Elle s'abîme, parce que la religion est méprisée, conspuée par le peuple, persécutée par les hauts gouvernements qui la jettent dans les fers, non toujours par des mesures violentes, mais par le machiavélisme politique. Je n'ose plus jeter mes regards sur la sanglante Espagne, sur l'infortunée Pologne, ni sur la France; cette persécution est, à mon avis, la plus cruelle des persécutions. On s'efforce d'incorporer l'Eglise à l'Etat, et pour y réussir, on lui jette d'abord sur les yeux le voile de la captivité, et insensiblement on lui ravit son nom d'Eglise de Jésus-Christ, née sur le Calvaire, et préposée à l'instruction et au bonheur de toutes les nations de l'univers. Je ne fais pas certainement un acte de servilisme en glorifiant l'état de la religion du gouvernement sarde; toute la terre sait que le roi Charles-Albert honore son siècle par l'éclat de toutes les vertus, non moins que par les sublimes sentiments d'humanité qui prouvent que l'amour de son peuple est le principe marqué de toutes ses œuvres gouvernementales.

Mais les nobles exceptions de ce genre sont infiniment rares, et l'Eglise est réduite à s'appuyer sur elle-même, pour arrêter la société au bord de l'abîme où tant d'aveugles néo-politiques la poussent des mains et des pieds, aussi bien que par les cris insensés dont ils font retentir tous les échos du globe. En effet, n'est-ce pas la religion qui a brisé les chaînes de l'esclavage que le peuple-roi avait tendues dans tout l'univers? n'est-ce pas la religion qui a adouci les mœurs de ces hordes infinies de barbares qui inondèrent l'Europe au cinquième siècle? n'est-ce pas l'étole du prêtre catholique qui a rompu l'épée de tous les Vandales du moyen âge et des temps modernes? Oh! non, on ne nie pas ces faits qu'attestent d'ailleurs toutes les pierres du sol de l'ancien et du nouveau monde. Mais on dit que la régénération du siècle actuel est au-dessus de l'influence du christianisme, qui, selon eux, a vieilli, et se trouve impuissant à renouveler encore une fois le monde.

Mais, dites-moi, régénérateurs phalanstériens et autres, vous qui êtes frappés d'une lamentable myopie, dites-moi, quel est le premier principe de la régénération sociale et individuelle? Cherchez dans tous les codes-modèles de l'univers, ouvrez tous les écrits philosophiques anciens et modernes, sans oublier ceux que le phalanstère fait éclore dans ses souterrains si féconds : serait-ce l'égoïsme? Oh! je me voile la face à la vue de ce géant du dix-neuvième siècle, car il engloutit tout bonheur et éteint toute lumière. Serait-ce la communauté des biens? mais l'inégalité des fortunes est aussi indestructible que la disparité des figures humaines : car, qui ne voit que l'activité, la nonchalance, l'industrie et l'incapacité, aussi bien que la sobriété et la débauche, formeront à jamais la ligne de démarcation qui doit toujours séparer les conditions des hommes?

Ecoutez-moi : les deux premiers principes de la régénération sociale sont écrits en caractères éternels dans le Code évangélique, et les voici : *justice* et *charité*; justice, qui rende à chacun selon ses œuvres ; charité, qui porte l'homme à aimer son semblable comme lui-même ; justice, qui garantisse la propriété individuelle ; charité, qui ne compte jamais le sacrifice que réclame l'état de pénurie quelconque qui fait gémir ses frères. Voilà, hommes dédaigneux et superbes, voilà les deux pierres fondamentales de la régénération sociale. Je ne crains pas de défier tout publiciste, tout régénérateur, de trouver des moyens plus efficaces de replacer la société dans la voie du bonheur et du repos intellectuel et moral qui n'existent plus sur la terre ; c'est parce que ces deux leviers divins sont enfouis, que l'édifice saint s'est écroulé, et que les fléaux du malheur ont débordé sur nous de toutes parts.

Or, il n'y a que la religion catholique qui puisse propager ces deux principes régénérateurs ; elle seule a le pouvoir de les faire fructifier ; mais on la pressure tellement, qu'elle peut à peine respirer ; ses angoisses provoquent celles de toute la société, et surtout celle de la France, c'est-à-dire celle de la plus brillante portion de l'Eglise. Ecoutez la voix d'un homme dont la mémoire vivra à jamais dans les annales de la religion ; je n'ai pas le droit de le louer, mais je possède celui de l'admirer et de le vénérer : « Sur l'avis d'hommes versés dans ces matières, dit Mgr. Clausel[1], on verra si mes réclamations (contre les *Débats*) n'étaient pas un cri d'alarme, justifié par la crainte trop fondée de voir une religion divine *enlevée* à la France, et cette perte suivie d'affreux malheurs. » On connaît aussi les douleurs du cardinal-archevêque de Lyon, de Toulouse, de Bordeaux et de Paris, sur l'état lamentable de la religion en France.

Je dis donc que cette religion, connue, prêchée avec liberté, soutenue avec prudence et sagesse, ne sera pas longtemps à renouveler la société. Oh ! oui, quand le prince, les ministres, le fonctionnaire, l'homme public et privé, et l'ouvrier toujours rebelle, seront profondément convaincus de cette éternelle vérité, que la *justice* et la *charité* sont le premier des devoirs sociaux, on verra disparaître, avec la vitesse du nuage poussé par l'aquilon, tous les maux sous le poids desquels l'Europe gémit aujourd'hui ; quand enfin on aura *fait*

[1] Evêque de Chartres. Lettre pastorale du 31 mars dernier.

une conscience évangélique aux hommes qui *commandent*, comme à ceux qui *obéissent*, n'en doutez pas, l'âge d'or des poètes renaîtra parmi nous. La religion accomplira ce grand ouvrage, il est digne d'elle et de sa divine mission ; elle peut opérer cet immense prodige, car son bras se fortifie journellement à une source céleste, et rien ne saurait ralentir son mouvement.

CHAPITRE XX.

QUE puis-je dire maintenant de la charité? C'est ici le principe social nouveau, celui qui place l'homme à sa véritable hauteur. Nul n'est *étranger* sur la terre, car la charité chrétienne a passé le niveau du Calvaire sur la société tout entière. Bien plus, nos ennemis nous sont chers, nos calomniateurs profitent à nos prières, nos bienfaits ne les séparent pas de nos amis. La charité a brisé la loi du talion, et fait reluire dans tous les hommes cette image divine que toutes les institutions humaines n'ont jamais pu soupçonner.

La charité ! A ce mot, je vois le règne de la justice partout honoré ; l'huile et le vinaigre coulent à grands flots sur les nombreuses plaies du peuple samaritain; je vois la tunique abandonnée à qui demande le manteau; les larmes sont essuyées, et le pain placé dans la main du pauvre impuissant au travail. Je vois le missionnaire civilisateur traverser toutes les contrées de l'univers, éclairer à la fois l'Indien, le Chinois, l'Océanien, le Cafre et l'Iroquois. Je vois le *prêtre-victime* du peuple publier, avec une ardeur infinie, les récompenses dues à l'amour pour les hommes, et les châtiments effrayants réservés à la dureté, à l'homicide égoïsme.

Le prêtre! quel dévouement! quels sacrifices dans cet enfant de la croix! C'est lui qui console le forçat désespéré, lui qui tempère les horreurs de l'agonie, lui qui soulève amoureusement les chaînes du prisonnier, les porte à ses lèvres brûlantes de charité; c'est lui qui établit son séjour dans les cachots, et les parcourt tous les jours pour adoucir les souffrances des victimes de la justice humaine; c'est le prêtre qui suit l'homme dans toute la longueur du chemin de la vie, sans jamais l'abandonner, quelle que soit la grandeur de ses maux. Il consacre son berceau, il guide sa jeunesse, il appelle les faveurs du ciel sur l'union qui doit embellir sa vie et consoler ses vieux jours. Son tombeau est rafraîchi par les prières du prêtre; il dégage son âme des liens qui la retiennent captive, tandis que son corps repose en paix, jusqu'au moment où le pied de l'ange doit venir briser tous les sépulcres des mortels, et souffler l'immortalité à travers tous les ossements de l'univers.

Non, nul principe de régénération n'est comparable à ceux que fournit la religion du Christ! nul homme ne peut en assigner de plus universels, ni de plus efficaces! Ces principes sont de tous les temps, de tous les lieux, et embrassent toutes les conditions de la grande famille humaine : car *la justice* et *la charité*, fondement du christianisme, comprennent tout l'homme, en saisissent toute l'harmonie, et le conduisent à la prodigieuse hauteur de la félicité éternelle.

Ils sont donc bien coupables, ces ennemis du genre humain qui vouent la religion au mépris, qui couvrent de sang et de boue le prêtre qui la propage, qui anéantissent son influence sociale, en lançant sur lui le feu impur de la calomnie. Ils sont bien coupables, ces gouvernements aveugles, qui pensent être envoyés pour s'arroger tous les droits de l'Eglise, seuls être chargés de faire le bonheur des hommes ! ils ne voient pas qu'ils sont de cruels usurpateurs, et qu'ils rendent la société malheureuse, en brisant tous les ressorts de la félicité. Voulez-vous donc véritablement régénérer les hommes ? faites descendre dans l'atelier de l'industriel, faites-y descendre la lumière de l'Evangile ; annoncez à ces nombreuses masses populaires, à ces hommes à demi-sauvages, qui se heurtent dans les places publiques et les carrefours, et qui ne méditent que le vol et le carnage ; à ces légions infinies d'ouvriers et de travailleurs, qui font éclore tous les jours de nouvelles révolutions, pour sortir plus promptement de leur obscure condition ; annoncez-leur avec ardeur et persévérance, qu'il est un Juge suprême des pensées et des actions coupables, que la justice souveraine éclatera sans fin sur les criminels qui auront méconnu sa loi. Je crois qu'alors vos efforts seront couronnés de quelque succès, que la société sera renouvelée, et que le sceptre de bonheur reparaîtra sur le sol européen, baigné aujourd'hui de tant de pleurs amers.

Et vous, qui présidez aux destinées des nations, princes et rois, qui que vous soyez, vous qui régnez sur la société par votre sceptre ou par votre influence, entendez-le, vous ne connaissez pas la grandeur de votre mission, quand vous méprisez notre ministère, quand vous fuyez le temple du Dieu vivant, quand vous jetez sur la tunique sacerdotale des regards de dédain et de lâche mépris; vous ignorez l'éternelle responsabilité qui pèsera sur vous, et quand le bras de la mort vous aura étendus dans le sépulcre, la terre qui vous couvrira, ne vous sera pas légère!

CHAPITRE XXI.

MAIS quel est le procédé le plus actif pour propager la justice et la charité chrétienne? et quand je dis charité, j'entends cet amour universel qui nous porte à être utiles à tous nos semblables, quel que soit le genre de leur besoin. Comment donc parvenir à faire adopter avec plus de rapidité les maximes régénératrices de la religion? Je réponds, avec la plus profonde conviction, que je ne connais pas de moyens plus efficaces que *les conciles* tant *nationaux* que *provinciaux*; voilà la voie la plus expéditive et la plus sûre, et l'unique ressource qui reste aujourd'hui pour renouveler la face de la terre dans toute son étendue. C'est par les conciles que dans tous les âges de l'ère chrétienne on a non-seulement condamné les erreurs et les fausses doctrines, mais encore régénéré les nations barbares ou corrompues. Qu'on ouvre l'histoire, et l'on en sera convaincu. Que de conciles en Orient, en Italie et dans les Gaules! que d'immortelles assemblées d'évêques qui ont servi l'Eglise et les peuples! que de saints canons formulés dans ces savantes réunions des premiers pasteurs!

Je sais que le siècle actuel est trop hostile à l'Eglise pour laisser aux Evêques toute la liberté qui leur appartient de gouverner les peuples; je sais que certains gouvernements sont trop ombrageux et trop ridiculement susceptibles pour ne pas enchaîner les pieds des apôtres chargés d'évangéliser la paix, et qui n'ont jamais d'autre pensée que celle de remplir leur haute et divine mission. Mais j'établis un fait, et je dis que les conciles sont le moyen le plus efficace de défendre la religion, de la propager, et de lui donner toute la splendeur qui lui appartient, et, conséquemment, de régénérer la société qui *s'en va*, se dissout, s'incline presque tout entière devant le sceptre monstrueux du matérialisme.

On sait comment, dans tous les siècles, les

conciles ont éclairé, dirigé les peuples sous le rapport intellectuel, moral et religieux. Qu'on jette les yeux sur cette Irlande, toujours si brillante, si pure dans ses mœurs, malgré les tortures de tous genres qu'on lui fait subir, malgré les angoisses de ses infortunés enfants, malgré les persécutions de trois siècles consécutifs. Pour moi, je ne vois rien de comparable à cette Eglise d'Irlande. Hé bien! quelle est la source de sa puissance? où puise-t-elle tant de force et de courage? Dans les conciles, dans les assemblées de ses Evêques, qui savent et peuvent réunir dans un même foyer leurs lumières individuelles, et marcher ainsi à la tête de leurs peuples, avec l'assurance que donnent la vérité et la protection du ciel.

Pourquoi l'Eglise des Etats-Unis est-elle si féconde et si près de réaliser la conversion entière des peuples qui l'environnent? C'est que les premiers pasteurs concertent les mesures qui font briller la foi et la propagent; c'est que chaque pontife, dotant ses co-Evêques des résultats de son expérience personnelle, et s'éclairant à son tour de leurs lumières, devient puissant comme une armée rangée en bataille. Ainsi la doctrine évangélique s'étend de toutes parts, ainsi elle fait le bonheur des peuples et le salut du monde.

Mais si nous voulons prouver sans réplique la nécessité des conciles (ce dont personne ne doute, et les ennemis de l'Eglise moins que tous les autres), il suffit d'écouter la voix de l'Eglise elle-même. Le concile de Trente prescrit aux métropolitains de tenir de trois ans en trois ans son concile provincial.[1] Les Pères de Trente, inspirés de Dieu, ont ainsi jugé que les conciles étaient la mesure la plus efficace pour assurer le salut des peuples. N'en doutons pas, si les immortels prélats qui défendent aujourd'hui l'Eglise avec tant de force et de courage, si ces hommes divins pouvaient se réunir et conférer ensemble les moyens de soutenir l'Eglise, de consoler ses enfants, de combattre ses nombreux ennemis, quel feu jaillirait de l'immense foyer de tant de lumières ! avec quelle rapidité ce feu embraserait l'univers ! La parole de Jésus-Christ s'accomplirait alors dans toute son étendue, et pour le bonheur de tous les peuples de la terre.

Tant de livres impies et immoraux, tant d'écrits vomis par l'enfer, dont le sol européen est inondé, tant de feuilles sataniques, insectes vénéneux, qui obscurcissent les airs

[1] Concil. Trid. sess. 24, cap. de Reform.

et entrent dans les maisons par toutes les ouvertures, et tuent toutes les intelligences; croyez-vous que quand toutes ces horreurs seraient dévoilées et jugées par la raison et la foi, croyez-vous que les nations ne reculassent pas épouvantées et désolées sans mesure d'avoir ramassé la boue des chemins et de se l'être ignominieusement jetée au visage ? Et honteuses alors de tant de dégradations, croyez-vous qu'elles ne courussent pas soudain se prosterner au pied des autels de Dieu, qui blanchit les âmes dans le sang de son Fils ?

Ah ! les ennemis de la société et de l'Église le savent assez ; aussi ils remuent l'enfer tout entier pour empêcher la convocation des conciles ; ils trompent les rois et les princes, en présentant le clergé comme les ennemis du pouvoir, tandis qu'ils en sont les meilleurs et les plus fidèles défenseurs. En France surtout on repousse si loin les ministres de Dieu, que les soi-disants protecteurs de la puissance temporelle, deviennent aussi injustes que criminels.

On refuse les secours de la religion et les consolations de la foi au vaillant soldat qui arrose de son sang le sol africain ; et il descend dans le tombeau sans pouvoir purifier son âme, et sa tombe est veuve de prières, comme celle de l'éléphant qui a succombé sous les coups de sa lance. Je demande s'il y a jamais eu de semblables horreurs en France? Allez, anglomanes, illustre Guizot et consorts, chez vos voisins d'outre-mer et vos maîtres en politique, allez voir ce qui se passe dans le camp de l'Anglais; le soldat catholique est partout à côté du prêtre catholique; ils traversent l'océan ensemble, et ne se séparent point sous le prétexte insensé et cruel, qui vous empêche d'exercer la justice que vous devez à la nation.

O Église, épouse de Christ, qu'elle est grande ton amertune! qu'elles sont douloureuses tes souffrances! Tu es née au Calvaire, et tu ne démens pas ton origine; des larmes de sang coulent sans fin sur ton visage; tu ne sais où reposer ta tête; elle est meurtrie cette tête, elle est couverte de plaies! Hélas! depuis que ton Époux est monté aux cieux, depuis qu'il s'est assis à la droite de son Père, toi, épouse infortunée, tu erres en deuil dans les déserts de la terre, tu ne goûtes plus ni joie ni consolation, tu souffres sans mesure; ici on t'étend sur une croix, là on te déchire, partout on t'abreuve de fiel et de vinaigre;

on couvre ta face auguste de la boue des chemins; on te méprise, on te calomnie; ô fille! ô mère! tu marches escortée par des barbares. Les cruels! ils te meurtrissent sans relâche; aussi tu n'as sur les lèvres que les tristes et lamentables paroles de ton Époux mourant. « O mon Dieu! pourquoi m'avez-vous abandonnée? » pourquoi vous êtes-vous éloigné de moi? Voyez! mes nombreux ennemis conspirent sans cesse ma perte; ils rient de mes maux, et ma patience ne fait qu'augmenter leur fureur! Tantôt ils versent mon sang, tantôt ils déchirent mes vêtements et m'exposent nue aux yeux de tous les peuples de l'univers. Je tends la main pour ramasser les miettes que l'on foule aux pieds, et soudain ma main est enchaînée et brisée, et je deviens le jouet de mes oppresseurs! Si je broie quelques épis abandonnés, on crie à la violation de la justice, et je ne puis apaiser ma faim! O divin Époux! ô vous qui m'avez légué la douleur et condamnée à l'exil, jusqu'à quand doit encore durer votre absence? Hâtez enfin votre retour! tendez-moi les bras du haut des cieux; apaisez la tempête qui va m'engloutir; détachez mon âme fugitive, comme le vent de l'automne détache la feuille du figuier, ou bien éclairez mes persécuteurs, mes enfants rebelles et ingrats ! qu'ils gémissent et se repentent, qu'ils pleurent jour et nuit, qu'ils viennent se réchauffer sur mon sein maternel, mes bras sont étendus pour les recevoir, je leur pardonnerai leurs anciennes prévarications, et je les conduirai triomphants dans le temple de l'immortalité !

FIN.

www.ingramcontent.com/pod-product-compliance
Ingram Content Group UK Ltd.
Pitfield, Milton Keynes, MK11 3LW, UK
UKHW020556230726
13926UKWH00005B/2047

9 782013 474733